生徒指導主任

主任

365日の
仕事大全

丸岡慎弥 著

明治図書

はじめに

2022年12月，「生徒指導提要」が12年ぶりに改訂されました。

そもそも「『生徒指導提要』って何????」と思っている方も少なくないと思います。

「生徒指導提要」とは……

> 小学校段階から高等学校段階までの生徒指導の理論・考え方や実際の指導方法等について，時代の変化に即して網羅的にまとめ，生徒指導の実践に際し教職員間や学校間で共通理解を図り，組織的・体系的な取組を進めることができるよう，生徒指導に関する学校・教職員向けの基本書として作成したもの（文部科学省HPより）

とされています。

これだけ長い定義を読んでも「なんのこっちゃ……？」と思う方も多いかもしれません。

さらに，今回の生徒指導提要は，前回の生徒指導提要よりも60ページも増え，約300ページにもわたる大作となっています。とても現場の先生が読みあげることができないような文章量となっています。

「どうしてそんな大量の情報を……」

「そんなにたくさんのことを書いてあっても，どこを現場で活かしたらいいのかわからない」

「そもそも，これまでの生徒指導とこれからの生徒指導はどう変わるの？」

様々な声がみなさんからここまで届いてくるようです。

これだけの文章量を読み込み，現場で使えるポイントを抽出して現場の学校の生徒指導に活かすということは至難の業です。とてもではありませんが，

そのような時間は現場の先生にはありません。

そこで，本書です。

本書では，最新版の「生徒指導提要」のポイントを盛り込みながら，初めて生徒指導主任（生活指導主任）を受け持つ先生が，実際にどのようにして生徒指導主任として現場で活かすことができるのかをできるだけわかりやすく記させていただきました。

本書では，今回の「生徒指導提要」の以下のキーワードに着目しました。

・自己指導能力
・２軸３類４層（プロアクティブな生徒指導とリアクティブな生徒指導）
・いじめ・不登校対策
・チーム学校
・校則の見直し

「生徒指導提要」で書かれたこれらの要素を盛り込みながら，実際にどのように活かしていくか，私の現場での実践で得た知識と経験を織り交ぜながら記させていただきました。

いわば

最新の「生徒指導提要」と現場での知見をかけ合わせ，実践に即して仕上げた

ともいえるでしょう。

今回の「生徒指導提要」の大切な考えである「支援する生徒指導」をどのように学校現場で具現化していくのかをわかりやすく記しています。

　ぜひ，本書の内容を学校の生徒指導にお役立ていただければと思います。
　本書がこれまでの生徒指導の良さを活かしつつ，これからの生徒指導のお役に立てることを心から願っています。

※なお，本書は主として小学校現場で役立てていただくことを前提に記しております。実態に合わせて，置き換えてお読みください。

　令和5年2月

丸岡　慎弥

生徒指導主任の仕事　年間スケジュール

　「何事も見通しが肝心」ということで，生徒指導主任が担う仕事の年間スケジュールをここでは見ておきましょう。ぜひ，勤務校のスケジュールの参考にしてください。

月	仕事内容	ポイント
4	生徒指導の方針確認 校則の共有 生徒指導部会立ち上げ 防災関連書類作成	「生徒指導提要」を活用 前年度に見直したものを基本に 役割分担の明確化 年間スケジュールの共有
5	生徒指導部会 地区別登校班 あいさつ週間	地域ごとに集まるメンバーを確認 児童会との連携
6	生徒指導部会 避難訓練（火災） いじめアンケート①	雨の日の過ごし方 消防署との連携
7	生徒指導部会 終業式	暑い日の過ごし方 1学期の振り返り 熱中症対策(帽子着用・水分補給) 夏休みの過ごし方
8	夏休み	地域巡視担当者の割り振り

月	仕事内容	ポイント
9	生徒指導部会	2学期の方針
10	生徒指導部会 避難訓練（地震・津波） あいさつ週間	
11	生徒指導部会 いじめアンケート②	冬服着用の諸注意
12	生徒指導部会 終業式	
1	生徒指導部会	
2	生徒指導部会 いじめアンケート③	本年度の振り返り① （校則見直し）
3	生徒指導部会 修了式	本年度の振り返り② 新年度1年生のお迎え確認

CONTENTS

Chapter 1

12年ぶりの大改訂！
「生徒指導提要」から令和型生徒指導を読み解く 12のポイント

生徒指導主任拝命！
生徒指導主任っていったいどんな人？

Chapter 3

これでバッチリ！
生徒指導主任　365日の全仕事

生徒指導の方向性を打ち出す ～「生徒指導提要」をもとに～

生徒指導の方法の共通認識を持つ ～「生徒指導提要」を具現化する～

学校全体の生徒指導を運営する ～「生徒指導提要」を浸透させる～

各担当と連携して生徒指導を強化する ～「生徒指導提要」を実装する～

トラブル事案をチームで解決する ～「生徒指導提要」を活用する～

Chapter 4

学校の「安全・安心」をつくりだそう！
生徒指導主任としての心構え

おわりに

Chapter 1

12年ぶりの大改訂！
「生徒指導提要」から
令和型生徒指導を読み解く
12のポイント

「支える」生徒指導へ

生徒指導観の転換

　今回の「生徒指導提要」改訂の中で最も求められていることが「生徒指導観の転換」です。それを一言で表すとするならば，「支える生徒指導」へと転換することが求められています。

生徒指導の矢印を変える

　まずは，これまで一般の学校で見られてきたと思われる生徒指導について見てみましょう。

- ・生徒指導をきちんとしていないと学校が荒れてしまう
- ・生徒指導とは学校のきまりをつくるもの
- ・つくったきまりをどれだけきちんと子どもたちに守らせることができるかどうかでよしあしを見るもの
- ・あいさつや礼儀などを指導するもの
- ・子どもたちの「良くない」と思われる行動（きまりを破るなど）をいかに見つけるかというもの

　上記のような要素が強かったのではないでしょうか。

　もちろん，これからはこのような要素の指導をすべて取りやめていくべきとは思いませんが，以下の視点が欠けていたと言わざるを得ません。

> 子ども自身が自分自身をより良くしていこうと考えること

　つまり，これまでの生徒指導はどうしても「ティーチング（教える）」の要素が色濃く出すぎてしまっており，「コーチング（引き出す）」の視点が欠けていたのです。

> ・自分自身がより良く生きるには，自分自身のどの要素を変えていくべきか
> ・どうすれば，次，うまくいくのか
> ・なりたい自分になるためにどんなことから取り組んでいくか

　このような，自分で自分を良くしていく力を身に付けさせようという視点を取り入れたのが，今回改訂された「生徒指導提要」なのです。
　つまり「先生→子ども」という方向性だけでなく，

> ・先生←子ども（子どもから引き出す）
> ・先生⇆子ども（子どもといっしょに考える）

というスタンスが求められているのです。
　300ページを超える今回の「生徒指導提要」ですが，まずは上記二点が肝になることを押さえておきましょう。

POINT!

・今回の改訂は「支える」ことがキーワードであることを押さえよう。
・「先生→子ども」だけの生徒指導から脱却しよう。
・「先生←子ども」「先生⇆子ども」となるような生徒指導を開発していこう。

生徒指導の
定義を押さえる

定義を確認し分析してみる

　今回の「生徒指導提要」では，「生徒指導」の定義が掲載されています。ここでは，その定義を確認し，分析してみて，どのように実際の日常で活用できるのかを探ってみましょう。

改訂版「生徒指導提要」のキーワードを押さえる

　「生徒指導提要」には，次のように書かれています。

> 児童生徒が，社会の中で自分らしく生きることができる存在へと，自発的・主体的に成長や発達する過程を支える教育活動のことである。なお，生徒指導上の課題に対応するために，必要に応じて指導や援助を行う。
>
> (p.12)

　前回の「生徒指導提要」（平成22年3月 文部科学省）上の定義は次でした。

> 一人一人の児童生徒の人格を尊重し，個性の伸長を図りながら，社会的資質や行動力を高めることを目指して行われる教育活動

　前回と今回を比べてみると，かなり変更されていることが見えてきます。
　では，比べたうえで，今回の「生徒指導提要」の定義のうち，どの言葉に着目すればよいのかを見てみましょう。

●社会の中で自分らしく生きることができる存在

前回の生徒指導提要で「一人一人の児童生徒の人格を尊重し，個性の伸長を図りながら」と記載されていた箇所です。ここで大切なのが「**社会の中で自分らしく**」という言葉です。前回の生徒指導提要では「人格を尊重し，個性の伸長を図りながら」とされていました。

今回は「社会の中で」という文言が付け加えられました。

「個性を大切に」とだけいっても，それはスローガンや理想論のみに踏みとどまってしまい，現実的な主張にはなりません。

ここで「社会の中で」というワードが入ることで，実際の社会の中で生きるうえで個性を活かすにはどのようにしたらよいのか？という問いが生まれます。「社会の中で」というワードには，現実社会で子どもたちの個性を活かす指導が求められているのです。

●自発的・主体的に成長や発達する過程を支える教育活動（下線筆者）

前回の生徒指導提要では登場しなかった言葉です。生徒指導でも，あくまでも「成長・発達」をするのは子どもたちであり，その過程を私たちは支えていくという立場を今回の生徒指導提要はとっています。

この立ち位置の転換は，とても大きなことだといえるでしょう。「強い指導」「先生→子ども」という方向の指導に頼ることなく，どうすれば，その子自身が自分自身で変容しようとするかという視点で指導をしていくのです。

●生徒指導上の課題に対応するために，必要に応じて指導や援助を行う

とはいえ，先生主導で子どもたちを指導する場面は間違いなく生まれます。その際も「指導」なのか「援助」なのかを判断することが必要です。

POINT!

・生徒指導の定義を押さえ，生徒指導の方針としよう。
・「社会の中で」「自発的・主体的に成長や発達」という言葉を押さえよう。

生徒指導の目的を
いつも意識する

「目的」は迷ったときの羅針盤

　今回の「生徒指導提要」では，「目的」が示されています。目的は，いつも頭に入れておくことで，迷ったときの大きな判断材料となります。いつも意識できるようにしたいものです。

生徒指導提要の「目的」が持つ二つの要素

　「生徒指導の目的」に入る前に，「目的とは何か」を確認しておきましょう。

　私は，目的をとても大切にしています。

　なぜなら，目的とは，取り組みを進める際の北極星のようなものであり，迷ったときには，いつも「目的」を見つめることで判断する大きなきっかけにできるからです。

　実際の現場では，生徒指導において迷う場面も多くあり，判断を迫られる場面が日常茶飯事です。

　そんなときに「目的」を押さえておくことで，より確かな「決定」ができるのです。

　では，今回の「生徒指導提要」では，生徒指導の目的をどのように設定しているのでしょうか。

　生徒指導の目的は次の通りです。

生徒指導は，児童生徒一人一人の個性の発見とよさや可能性の伸長と社会的資質・能力の発達を支えると同時に，自己の幸福追求と社会に受け入れられる自己実現を支えることを目的とする。(p.13)

目的には，大きく二つのことが書かれています。それぞれを見ていきましょう。

●児童生徒一人一人の個性の発見とよさや可能性の伸長と社会的資質・能力の発達を支える

「個性の発見とよさ」「可能性の伸長」など，その子ならではの可能性を引き出すことが強調されています。この文言からは「子どもを見る」「子どもを知る」ということが大切にされているといえるでしょう。

●自己の幸福追求と社会に受け入れられる自己実現を支える

次の文言には「自己の幸福追求」「社会に受け入れられる自己実現」の二つの要素が書かれています。「自己の幸福追求」では，子どもの人生観が，そして「社会に受け入れられる自己実現」では，社会という中での子どもの人生観が書かれています。

この二つのバランスはとても大切なことです。先ほどの定義でもそうでしたが，「その子自身」へのアプローチなのか，「社会の中におけるその子」へのアプローチなのかを自覚しながら指導することが大切なのです。

POINT!

・「目的」の大切さを押さえよう。

・目的の一つは「その子自身」にアプローチすることであると知ろう。

・さらにもう一つは「社会の中のその子」であることを押さえよう。

自己指導能力について理解する

とても重要な「自己指導能力」という言葉

　今回の「生徒指導提要」で登場した「自己指導能力」という言葉。実は，これからの生徒指導において，とても重要な言葉になります。いったいどのような意味なのか，どう活用していけばよいのかを見ていきましょう。

もとは「深い自己理解」

　「自己指導能力」という言葉。

　生徒指導の目的を達成するためには，「子どもたちが自己指導能力を身に付けることが重要」であることが指摘されています。

　では，自己指導能力とはどのような意味なのでしょうか。

　「生徒指導提要」においては次のように説明されています。

> 児童生徒が，深い自己理解に基づき，「何をしたいのか」，「何をするべきか」，主体的に問題や課題を発見し，自己の目標を選択・設定して，この目標の達成のため，自発的，自律的，かつ，他者の主体性を尊重しながら，自らの行動を決断し，実行する力（p.13）

　ここでも，キーワードがたくさん出てきました。

　重要な言葉が多く登場しているので，図解で見てみることにしましょう。

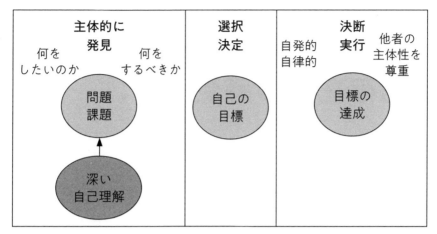

　このように図解にすると，今回の「自己指導能力」とは何かが見えてきます。

　まず，もととなっていて外せないことが「深い自己理解」ということです。それも，ただの自己理解ではなく「深い自己理解」なのです。

　これがもとになっていなければいけない，つまり，自己の目標に向かっていたとしても「自己理解」という観点が外れてしまっていてはいけないということです。

　では，日常的にどのように「自己理解」を深めることができるのか。

　それは，日常的な日記指導であったり，各教科の振り返り指導であったり，キャリア・パスポートであったり，週に一度の道徳の授業であったり……。

　自己理解につながる指導は日常の中にあります。そして自己理解をもとに「自分自身をより良くしていく力」を子どもたちにつけていきましょう。

POINT!

・「自己指導能力」とは，その名の通り「自分で自分をより良くすること」と捉えよう。

・もとになるのが「深い自己理解」であることを意識しよう。

生徒指導の実践上の視点①
自己存在感の感受

「自己存在感」を考えてみる

本項からは,「生徒指導提要」に記載されている「生徒指導の実践上の視点」について見ていきましょう。四つの視点のうちの一つ目「自己存在感の感受」からです。

何よりも「自己存在感」を育む

「自己存在感の感受」について,「生徒指導提要」では,次のように示されています。

> ・「自分も一人の人間として大切にされている」という自己存在感を,児童生徒が実感することが大切
> ・自己肯定感や自己有用感を育むことも極めて重要 (p.14)

まずは,上記のポイントの中で,一番に登場する「自己存在感」について確認していきましょう。

私は,上記の中に登場する「自己存在感」「自己肯定感」「自己有用感」のうち,「自己存在感」が最も重要であると捉えています。

なぜなら……

> 人は存在を受け入れてもらえることで可能性を発揮できる生き物

と考えているからです。

例えば，次のような言葉についてどう考えますか。

・生まれてきてくれてありがとう
・今日も学校に来てくれてありがとう
・ここにいてくれてありがとう
・いっしょにいてくれてありがとう

これらはすべて「存在そのものを承認する言葉かけ」です。こうした言葉を聞くだけで，子どもも大人も存在を承認してもらうことができ，自分自身のパフォーマンスを高めることができます。

そして，決して言葉に表現したくないことですが，これらの逆の言葉を浴びせられ続けたら……と考えると，どうでしょうか。

想像するだけでも，自身のパフォーマンスが下がることを感じる人もいるかと思います。

それだけ「存在を否定する」ことはマイナスの影響を与えることなのです。

この「自己存在感」を土台にしつつ「自己肯定感」「自己有用感」を育てていきます。「自己肯定感」は自分のすでに持っている力や可能性に気付いていくことであり，「自己有用感」は自分の役割を感じることです。

普段の生徒指導の中で，そうしたことを子どもたちが感じるような仕掛けをつくっていきましょう。「自己肯定感」は「できたことに目を向ける」という振り返りを取り入れることで実施可能ですし，「自己有用感」は学級の当番活動や委員会活動などで達成できます。

POINT!

・まずは「自己存在感」を高めることを大切にしよう。
・「自己存在感」を感じるからパフォーマンスを高められることを知ろう。
・学校生活で「自己肯定感」「自己有用感」が感じられる仕掛けを入れよう。

生徒指導の実践上の視点②
共感的な人間関係の育成

人間関係は子どもたちに大きな影響を与える

　「生徒指導の実践上の視点」の二番目は，「共感的な人間関係の育成」です。学校で，または，学級で子どもたちがどのような人間関係を保つのかは，その子の成長に大きな影響を与えます。

「共感的な人間関係の育成」は普段の授業が何より大切

　「共感的な人間関係の育成」は次のように説明されています。

> 失敗を恐れない，間違いやできないことを笑わない，むしろ，なぜそう思ったのか，どうすればできるようになるのかを皆で考える支持的で創造的な学級・ホームルームづくりが生徒指導の土台 (p.14)

　これまでにも，学校現場では「安全・安心」がキーワードとなり，生徒指導が実施されてきました。今回は「支持的で創造的な」という言葉が使われていますが，根本は同じでしょう。

　子どもたちが，学校生活で「安全・安心」を無意識に感じることができることが大切です。

　子どもたちの「安全・安心」を生み出す環境には「物的・人的」の二種類がありますが，本項で扱っている「共感的な人間関係の育成」は「人的」であることも押さえておきましょう。

では，「支持的・創造的」な学級・学校を生み出すには，どんなことに気を付ければよいのでしょうか。

それは，もちろん

普段の授業

であることは間違いありません。

・どんな意見を言っても大丈夫
・挑戦して失敗しても安心できる

こんな空間だからこそ，子どもたちは安心して「学ぶ」ということに向き合うことができます。

・自分と違うと思う意見を友達が言ったことを受け止められる
・もし（計算問題などを）友達が間違えてしまったりできなかったりしたときには，どうしてなのかをいっしょになって考えられる
・友達が失敗で落ち込んでいたら，寄り添って応援してあげられる

こんな文化を，学校や学級につくることが求められています。そして，こうしたことが達成されるからこそ「安全・安心」な空間がつくられ，毎日の学校生活を充実させることができるのです。

POINT!

・「共感的な人間関係の育成」が二番目のポイントと押さえよう。
・「支持的・創造的」な空間のある学校づくりを目指そう。
・「間違い」「失敗」を受け止める空間は普段の授業で生み出そう。

生徒指導の実践上の視点③ 自己決定の場の提供

生徒指導における「自己決定」

　今，学校現場で求められている自己決定。「生徒指導提要」の中でも大切なワードとして打ち出されています。生徒指導における「自己決定」とは，どういうことなのか見ていきましょう。

「自己決定」の機会を確保する

　生徒指導の実践上の視点でいわれている「自己決定」は次の通りです。

> 授業場面で自らの意見を述べる，観察・実験・調べ学習等を通じて自己の仮説を検証してレポートする等，自ら考え，選択し，決定する，あるいは発表する，制作する等の体験が何より重要（p.15）

　これまでの学校現場では「自己決定」という場面を多く取り上げることができていなかったかもしれません。例えば運動会指導でも，表現を子どもたちが主体的に考えているというよりは「今年はこんなダンスをします」と先生たちから提案し，決定していることがほとんどではないでしょうか。
　ただ，これらの原因が先生たちにあるとはいえません。

- カリキュラム上の問題
- 社会（保護者など）の期待

などによって時間的・条件的な制約がかかり，「そうする方が総合的に良い結果になる」と判断されてきたともいえます。

　学校には，様々なことが社会から要求され，「○○教育」がどんどん生まれてきます。もちろん，そうした教育が発生しても，何かを削るわけではないので，学校のカリキュラムはパンパンになっていきます。この状態がいわゆる「カリキュラム・オーバーロード」であり，決められた枠の中には，やるべきことがいっぱいで入りきらないような状態になっています。

　また，社会からの期待を無視できないのも事実としてあるでしょう。「今年のダンスはどんなものかな」という保護者からの期待にこたえなければいけないという学校の思いが，「子どもたちが考える」という機会を奪ってしまっているかもしれません。

　子どもたちが「自己選択・自己決定」するためには，機会が必要です。それは日常の授業の中の小さな場面や児童会・生徒会活動や学校行事，さらには総合的な学習の時間と，多くの機会があることでしょう。

　これまでの考えをアップデートし，さらに「子どもたちが自己選択・自己決定して成長する場」を生徒指導の観点からも主張していく必要があるのです。

POINT!

・「自己決定」を軸に学校の教育活動を見直してみよう。
・「自己決定」力を高めるには一定の機会が必要であることを知ろう。
・生徒指導の観点からも授業や学校行事の在り方を主張していこう。

生徒指導の実践上の視点④
安全・安心な風土の醸成

「安全・安心」について考える

　これまでの生徒指導でも大切にされてきた「安全・安心」というキーワード。今回の「生徒指導提要」の中でも重要なワードとして位置付けられています。今回の「生徒指導提要」の中での「安全・安心」を見ていきましょう。

「認め合う」は「知り合う」から

　「安全・安心な風土の醸成」がどのように説明されているのかを見てみましょう。

> お互いの個性や多様性を認め合い，安心して授業や学校生活が送れるような風土を，教職員の支援の下で，児童生徒自らがつくり上げるようにすることが大切 (p.15)

　ここでは「認め合う」と「風土」の二点を取り上げて考えてみましょう。

　まず，子どもたち同士が「個性」「多様性」を認め合うには，どうすればよいのでしょうか。その小さな第一歩を考えてみます。
　「個性」「多様性」が認められない関係とはどのようなものかを考えてみます。それは，

> 知らない

ということです。

　例えば，街中で起こる事件で「知らない人から声をかけられる」ことがあります。これが「知っている親戚の人に声をかけられた」「知っている習いごとの先生に声をかけられた」では，事件にはなりません。なぜなら「知っている」からです。「知らない」という状態だからこそ，事案になるのです。つまり，「認め合う」ための小さな第一歩は，「知る」ことが大切であることが見えてきます。

　それでは，「知る」ためにはどうすればよいのでしょうか。

　学級活動などで行う自己紹介はもちろんですが，週に一度の道徳の時間，探究的な課題に向かう総合的な学習，さらには各教科での発表の場面などで「聴き合う」という時間が，子どもたち同士をより深く知る機会になっていきます。それらの時間で「子ども同士がより深く知り合う」という意識を持って取り組みができるように学校全体に働きかけていきましょう。

　また，「風土」についてです。風土とは……

> 風土：人間の文化の形成などに影響を及ぼす精神的な環境。(goo辞書)

とされています。風土は精神的環境であり，「認め合っていることが当たり前」ともいえる雰囲気づくりが求められているともいえるのです。

POINT!

・「認め合い」は「知り合う」ことから始めると押さえよう。
・「認め合い」が当たり前という雰囲気づくりを目指そう。

生徒指導の構造 ［2軸3類4層構造］を 押さえる

2軸3類4層の全体像をつかむ

　今回の「生徒指導提要」の中でも注目するべきうちの一つとして，「生徒指導の構造（2軸3類4層構造）」があげられます。本項では，その全体像について見ていきましょう。

生徒の成長につなげる「生徒指導の構造」とは

　「生徒指導提要」の中で記されている「生徒指導の構造（2軸3類4層構造)」とはいったい何でしょうか。

　まずは全体像を確認しましょう。

○2軸〈対応の時間軸に着目〉
・常態的・先行的（プロアクティブ）生徒指導
・即応的・継続的（リアクティブ）生徒指導

○3類〈課題性と対応の種類から分類〉
・発達支持的生徒指導
・課題予防的生徒指導
・困難課題対応的生徒指導

○4層〈重層的支援構造〉
・発達支持的生徒指導
・課題未然防止教育　　　　　｜
・課題早期発見対応　　　　　｝　課題予防的生徒指導
・困難課題対応的生徒指導

　この「2軸3類4層」の考えは何をねらっているのか。それは，これまでの生徒指導は以下の要素が強すぎたという点から生まれたものです。

・課題が起きてから対応する（即応的）
・解決するまで粘り強く対応する（継続的）

　これからの生徒指導でも，このような場面が生まれるかと思いますが，この二点だけでは，どうしても後手に回ってしまったり，子どもたち自身の成長につながりにくくなったりします。それを解決しようとするのが「2軸3類4層」の考え方に基づく生徒指導です。

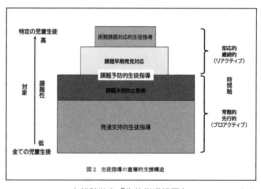

図2　生徒指導の重層的支援構造

文部科学省「生徒指導提要」　2022, p.19より

POINT!

・これからの生徒指導の構造「2軸3類4層」を知ろう。
・後手に回る生徒指導から脱却することを押さえておこう。
・「2軸3類4層」は子どもたちの成長につなげるものと押さえよう。

時間軸に着目する「2軸」を見る

「時間軸」である「2軸」に目を向ける

　生徒指導の構造「2軸3類4層」のうちの「時間軸」に当たる「2軸」をここでは見てみましょう。生徒指導を時間という視点で見つめ直すことで、これからの生徒指導へとアップデートすることができます。

「2軸」も目的は「自己指導能力の育成」のため

　「2軸3類4層」のうちの「2軸」とは何でしょうか。

　「2軸」は生徒指導を次の二つに分けて説明しています。

・プロアクティブ（常態的・先行的）
・リアクティブ（即応的・継続的）

　これからの生徒指導で大切になってくるのが，一つ目に記載した「プロアクティブ（常態的・先行的）」な生徒指導です。プロアクティブな生徒指導とは「何か問題や課題が起こる前に子どもたちに生徒指導をすること」と捉えてもよいでしょう。

　このプロアクティブの視点を持った生徒指導は，これまでの学校現場ではあまり意識されてこなかったのではないでしょうか。

　やはり，学校現場は

- いじめが発見されたから対応する
- 登下校中に事故が起こったから登下校を指導する
- 子どもたちの落ち着きがなくなってきたから強い指導をする
- 保護者から連絡があったからチームで動く

などがほとんどであり，「先行的に学校が主体となって生徒指導をする」という意識はあまりなかったように思います。つまり「リアクティブ」な生徒指導がほとんどだったということです。

しかし，これからの生徒指導は「プロアクティブ」「リアクティブ」の二つの視点を持って子どもたちを指導していきましょう，といわれています。

そうした問題を未然に防ぐにはどうしたらよいのかという視点はもちろん，

このような事案が起こったときに子どもたちが乗り越えられる力

を事前に育てておくことが重要なのです。

今回の「生徒指導提要」の大きなキーワードに「自己指導能力」があげられています。子ども自身が，子どもたちが力を合わせて「自分たちをより良くする」という力が求められていますし，それこそ本来の教育の目的ともいえるでしょう。

とはいえ，大人の力を借りないわけではありません。事前・事中・事後というポイントでの教師の適切なかかわりは，これまでもこれからも大切にされるべきことなのです。

POINT!

- 「プロアクティブ」「リアクティブ」という二つの言葉を押さえよう。
- 目的は「自己指導能力の育成」であることを忘れないようにしよう。
- 教師の適切なかかわりはこれからも大切にされることを押さえよう。

課題性と対応の種類の視点で見る「３類」

課題性と対応の種類から分類された「３類」

　今回の「生徒指導提要」では，課題性と対応の観点から生徒指導を三種類に分けました。それを「３類」と名付けています。生徒指導をどのように三種類に分けたのでしょうか。

様々な生徒指導上の問題・課題を整理する視点を持つ

　私たちが日常的に勤務する学校。

　学校では，子どもたちをはじめ，たくさんの人たちが集まってきます。

　人が集まれば問題や課題が生まれるのが当たり前のこと。

　そんな問題や課題には，たくさんの種類があります。

　今回の「生徒指導提要」では，それらの問題や課題を大きく三つの仲間に分けました。

- ・発達支持的
- ・課題予防的
- ・困難課題対応的

　これを，「（課題性と対応の種類から分類した）３類」と呼びます。そして，今までの生徒指導と，前項で紹介した「（時間軸に着目した）２軸」をあわせて図解してみます。

　すると次のように表すことができます。

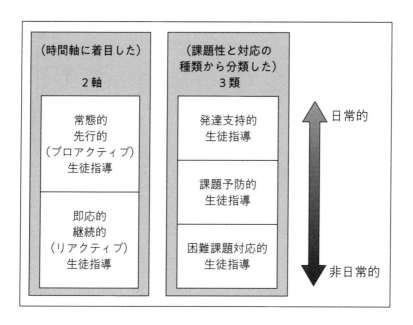

（時間軸に着目した）

2軸

常態的
先行的
（プロアクティブ）
生徒指導

即応的
継続的
（リアクティブ）
生徒指導

（課題性と対応の
種類から分類した）
3類

発達支持的
生徒指導

課題予防的
生徒指導

困難課題対応的
生徒指導

日常的

非日常的

　困難課題的な事案は学校生活において日常的に起こることではありません。非日常的な事案です。ですので，そうした事案はどうしても「リアクティブ」に受け止めざるを得ません。

　そして，学校の中で「今のところ問題はないな」と感じながら日常を過ごしているときは「発達支持的な段階」といえ，それらは「プロアクティブ」な指導を行う必要があります。

　では，3類の具体的な事例は何なのか。次項で紹介します。

POINT!

・様々な生徒指導案件を整理する視点を持とう。

・今回の「生徒指導提要」で示された「三種類の生徒指導」を押さえよう。

・2軸（時間軸）×3類（種類）をあわせて捉えるようにしよう。

生徒指導の 「4層」を見る

「2軸」「3類」「4層」と関連させて見よう

　今回の「生徒指導提要」の中でも重要な要素である，生徒指導の「4層」について見ていきましょう。これまで紹介した「2軸（時間軸）」「3類（課題性と対応の種類）」とも大きく関連させて見る必要があります。

生徒指導の「4層」とは

　先述したように，これまでの生徒指導というと，「問題が起きたと知ったら対応する（即応的）」「困難な課題は組織的に粘り強く取り組む（継続的）」という二つのイメージ（リアクティブ）が強かったのではないでしょうか。

　しかし，このように，いつまでも「受け身」「その場的」な対応のみでは，学校（先生・子ども・保護者）は疲弊してしまうばかりです。

　もちろん，これからも即応的・継続的な対応は求められますが，その対応だけでは決してうまくはいきません。これまでの「いじめ」「不登校」などはもちろん，今回の「生徒指導提要」に示された「生命，性的被害者」「性的マイノリティ」「精神疾患」「校則」など，時代とともに生まれてきた課題に対しても学校は対応が求められています。

　そのような多種多様な課題に対して，学校が取り組んでいくには「リアクティブ・プロアクティブ」の両方の対応を駆使しなくてはいけません。

　それでは，生徒指導の「4層」とは何でしょうか。
　それぞれがどのような生徒指導案件なのか，さらには，それぞれが，どの

ような子どもを対象にして設定されているのかも含めて見てみましょう。

- 発達支持的生徒指導　【すべての子ども】
  特定の課題などを意識することなく進められる生徒指導。日々のあいさつ，声かけ，励まし，称賛，対話，授業や学校行事などを通して個や集団に対して行う指導。

- 課題予防的生徒指導：課題未然防止教育　【すべての子ども】
  生徒指導上，起こりうる課題などの未然防止をねらいとした，意図的・組織的かつ系統的なカリキュラムに基づいて実施する。いじめ防止教育，自殺予防教育，薬物乱用防止教育，情報モラル教育，非行防止教室など。

- 課題予防的生徒指導：課題早期発見対応　【一部の子ども】
  課題の予兆行動が見られたり，問題行動のリスクが高まったりすると思われる事象（急な学業不振，遅刻・早退・欠席の増加，身だしなみの変化）に対する指導。

- 困難課題対応的生徒指導　【特定の子ども】
  いじめ，不登校，少年非行，児童虐待などに対する指導・援助。校内のみならず教育委員会や外部機関とも連携を図って対応する必要がある。

　これまでにも学校では取り組まれてきたものがほとんどです。重要なのは，それらを整理することであり，意図的に指導していくことなのです。

POINT!

- 「プロアクティブ」にも目を向けることが大切であることを押さえよう。
- 「4層」の種類と内容を知ろう。
- これまでの生徒指導を「4層」に分けて考えよう。

ルールは子どもとつくる

　「生徒指導提要」でも提唱されている「校則の見直し」の基本的な心構えは日常から持っておくことをおすすめします。その心構えとは，「ルールは常時進化しているもの」と捉えることです。

これからの時代のルールづくり

　今や様々な価値観が飛び交い，社会の中で「何が正解か」がわからなくなってきました。

　それは，教室も例外ではありません。

　特に顕著なのが「GIGA スクール構想」でしょう。

　コロナ禍に入り，子どもたちに1人1台端末が普及しました。それに合わせてルールを作成した学校もあるかもしれません。しかし，子どもたちがどんどんと1人1台端末を使いこなす中で，設定したルールを簡単に飛び越えてくる事態に出会った先生も少なくないでしょう。

　つまり，「大人が設定したルールを子どもたちが簡単に飛び越えてくる」という状況が当たり前に起こるようになったということです。

　そんなときこそ

　○○のルール，どうしたらいいと思う？

と，子どもに聞く勇気を持ちましょう。そんなマインドをぜひ，学校で発信していってください。子どもたちと考える文化ができることで，学校はさらにアップデートしていくはずです。

Chapter 2

生徒指導主任拝命！
生徒指導主任って
いったいどんな人？

学校全体の「安全・安心」をつくりだす

生徒指導主任の役割とは？

「生徒指導主任の役割って何？」と言われたら，何と答えたらよいのでしょうか。私は，生徒指導主任の役割を「学校全体の安全・安心をつくる人」と捉えています。

「安全・安心」の要素とは

生徒指導主任の役割は，何といっても

> 学校全体の「安全・安心」をつくりだすこと

です。

では，安全・安心はどのような要素からつくられているのでしょうか。

- ・人的環境（子ども，保護者，先生など）
  - →言葉・暴力・人間関係など，人的環境は大きな影響を与える。
- ・物的環境
  - →学校に危険な物や箇所はないか。
- ・システム・環境
  - →災害や事件を含め，何かあったときのシステムは整理されているか。

このようなことを整え，「安全・安心」を一番に考えましょう。

学校全体の「安全・安心」な場づくりを推進する

「みんなで」の理由は

生徒指導主任として「『安全・安心』な場をみんなでつくる」という意識は欠かせません。どうして「みんなで」でなければならないのか。そんなことを考えてみましょう。

いろいろな人に「ありがとう」を伝えられるように

生徒指導主任は，生徒指導における職員室のリーダーです。

学校のリーダーにおける仕事の一つに，

> いろいろな人に役割をお願いする

ということがあります。つまり，「どれだけの人に『ありがとう』が言えるか」がポイントなのです。

なぜ，そのようなことをする必要があるのか。学級でも同じですが，「何か役割があるとその学級の一員になれている気がする」という所属感を得ることができるのです。生徒指導としての役割を担ってもらうことで，

- この職員室の一員である
- 生徒指導部会の一員である

という認識を持ってもらうことができます。

リーダーは，みんなの力をまとめることができるのがポイントなのです。

学校全体の実態をつかむ
―子ども編

子どもを知らずして良き生徒指導は始まらない

　学校で健全な生徒指導を進めるのに，まず何よりも大切なことは「子どもたちの実態をつかむ」ということです。子どもたちの姿の把握なしでは，より良い生徒指導は生まれません。

実態把握は小さなことから

　子どもたちの実態をつかむためにはどうすればよいのでしょうか。

　実態をつかむというと「アンケートをとる」などをイメージされる方もいるかもしれませんが，そうではありません。

　大切なことは

　視点を持つ

ということです。では，どのような視点を持って，子どもたちの実態をつかめばよいのでしょうか。

　例えば，以下の点です。

　表情／身なり／あいさつ／靴をきちんと履いている／廊下でも落ち着いて過ごしている／物の扱い方／時間を意識できている　など

　「小さな視点」から実態を把握してみましょう。それが第一歩です。

学校全体の実態をつかむ
―先生編

先生の実態をつかむことも大切な作業

　学校の生徒指導について決めていくためには，「先生の実態をつかむ」という作業は欠かせません。「え？　先生の実態？」と思うかもしれませんが，その学校に必要な生徒指導を行うためには欠かせないことです。

先生はどんな特徴を持っているのか

　「先生の実態」と聞いて「どういうこと？」と首をかしげる人もいるでしょう。

　しかし，学級が多様な子どもたちで構成されているのと同じように，職員室も多様なメンバーで構成されていて当たり前です。

- 経験年数のバランスはどうか
  （若い先生が多いのか，ベテランが集まっているのか）
- どのようなキャラクターの先生が集まっているのか
  （内向的な先生が多いか，外向的な先生が多いか）
- 生徒指導を得意と感じている人が多いのか，そうでないのか
  （これまでに経験してきたキャリアはどうか）

　そのような実態を踏まえて，生徒指導の方針を立てていきましょう。

　集まる先生によって，最適な生徒指導の方針は変わってきて当然です。先生方の実態を捉え，最大限の効果が発揮できるように意識しましょう。

学校全体の実態をつかむ
―地域編

子どもの育つ地域を学ぶ

　生徒指導を充実させるには，地域の実態をつかむことも大切な要素です。学校に通う子どもたちは，その地域で育っています。自分たちの学校はどのような地域のもとにあるのかを見つめましょう。

どのような要素を把握するのか

　「地域の実態」を把握するには，どのような視点で実態把握をすればよいのでしょうか。

　私は，例えば，以下のような点が大切であると考えています。

> ・地域の地形はどうか
> 　（水辺が近いのか，広さはどうか，面積の形はどうか，など）
> ・特色は何か（工業地帯なのか，商業地域なのか，住宅街なのか）
> ・住んでいる人たちの年齢等構成はどうか
> 　（お年寄りが多いのか，若い人が多いのか）
> ・地域の状況はどうなっているか
> 　（コミュニティはいくつあるのか，または活発か）

　これらは，生徒指導をするうえでの「リソース（資源）」にもなる可能性がある要素です。実態把握をして生徒指導と照らし合わせていくことはもちろん，生徒指導に活用できる要素もないかという視点で見ていきましょう。

カウンセリングマインドを忘れない

「べき」が多くなりがちな生徒指導

生徒指導というと「あいさつをしましょう」「時間を守りましょう」など, こちらから伝えるべきことがどうしても多くなってしまうもの。そのときに忘れてはいけないのが「カウンセリングマインド」です。

「聞く」を忘れない

生徒指導がいきすぎてしまうと, どうしても陥ってしまうことがあります。それは,

正論を通しすぎてしまうこと

です。このことは, 生徒指導主任として心得ておくようにしましょう。

「あいさつをしましょう」「時間を守りましょう」「学校の物を大切にしましょう」など, それらはすべて正しいことであり大切にされなければいけないことです。

しかし, これが「できない」「やれない」ときには何らかの事情があるはずです。この「事情があるはず」という視点で子どもたちに接することを忘れてはいけません。そうでなければ, 生徒指導が子どもたちを追い込む教育へと変わってしまうのです。

これは, 先生方にもいえることです。もし, 学校にうまく生徒指導ができない先生がいたなら, 聞くことから始めましょう。

ルールとは何かを
押さえておく

「ルールの落とし穴」にはまってはいけない

　生徒指導主任は「学校のルール」を決めていく中心となる人物です。特に「ルール」とは何かを理解しておく必要があります。そうでなければ「ルールの落とし穴」にはまってしまうかもしれません。

ルールとは何かを押さえる

　「ルールの目的とは何ですか？」と聞かれたら，どのように答えますか。
　私の考えるルールの目的は

> **みんなが気持ちよく過ごすことができるようにすること**

です。よって「このルールは逆にみんなを苦しめているのではないか」と考えられるものは，積極的に変更していく必要があるのです。
　しかし，ルールの持つ性質上，いったん，みんなで決めたルールは「みんなで守らなければいけない」という認識が生まれます（ルールを守ることはとても大切なことです）。
　とはいえ，

> **ルールを守ることが目的になってはいけない**

ことを忘れないようにしましょう。

日ごろから先生たちと コミュニケーションを 図る

学校の状況をいつも気にする

　生徒指導主任は，常に学校の状況に敏感である必要があります。とはいえ，自分一人で学校のすべての情報を集めることなんてできません。そのためにも，日ごろから職員室で先生との対話を大切にしましょう。

学校の情報を手に入れるために必要なこと

　学校の情報は，どのようにして手に入れていくのでしょうか。

　私は，

> 先生たちとの何気ない会話

が，とても大切であると考えています。会話をすることで，そのときに必要な最新の情報が自然に入ってくるようになります。

　他にも，先生方との対話で得られるものがあります。

> ・情報をつかむことによる問題，課題の早期発見
> ・先生方との信頼関係づくり

　どちらも，より良い生徒指導を行うためには，欠かせないことです。

　特に「信頼関係づくり」は生徒指導主任には必須です。いつでも，先生方に「頼られる」存在である必要があるのです。

子どもたちの様子に
敏感になる

「子どもの様子」から生徒指導をチェックする

　生徒指導の目的は「子どもたちが安心して学校で過ごせる」ようにすることともいえます。では，その目的がいつもきちんと果たせているのかどうか。それは，子どもたちの様子を見ることでわかることなのです。

子どもの「様子」からキャッチする

　生徒指導主任として，いつも子どもたちの「様子」に注目するようにしましょう。

　実は，子どもたちの様子には，たくさんのヒントが隠されています。

- 上機嫌であれば顔はほころぶ
- 気分が落ち込んでいたら下を向く
- 何か悩みやつらいことがあれば肩を落とす
- 生活が落ち着かなければ靴がそろわない
- 身体がつらいとサインを出していれば，いつもより登校が遅くなる

　これらは，すべて「無意識」で行われていることです。「無意識」だからこそ，子どもたちの「心の声」が表れているのであり，生徒指導主任は，そのサインに敏感に「なろう」としなければいけません（「なろう」と書いたのは，全校児童生徒のすべてを把握するのは不可能に近い行為だからです）。

　子どもたちの「様子」に意識を向けることを忘れないようにしましょう。

規律があるから自由な学びが生まれる

主体的な学びに欠かせない生徒指導のかかわり

　「子どもたちの主体的な学び」が求められている中，生徒指導はどのようにかかわっていけばよいのでしょうか。実は，生徒指導は子どもたちの主体的な学習を実現するための重要な要素を持っているのです。

自由な学びは安全・安心があるからこそ

　昨今注目されている「探究学習」は，子どもたちが学びの手綱を握り，子どもたちがどんどんと学習を進めていく学習です。それは探究学習の中心である総合的な学習の時間のみならず，すべての授業でそのような在り方が求められています。

　このような授業が求められると，

　「ルールで縛ってはいけない」

　「子どもたちの自由に」

といった思考が働くと思いますが，ここで少し立ち止まりましょう。

子どもたちの安全・安心があるから主体的に進められる

　これが絶対のセオリーです。いじめが起こっている学級で，子どもたちがのびのびと自由に学習に取り組むことができるでしょうか。友達の悪口が飛び交ったり暴力が起こったりする教室で，自分のペースで安心して進めることができるでしょうか。

　自由な学習のためには，必ず「安全・安心」が前提にあることを，校内でも確認しておきましょう。ルールはそのために存在します。それもあわせて校内で確認できるとよいですね。

Chapter 3

これでバッチリ！
生徒指導主任
365日の全仕事

生徒指導の基本的な方向性を確認する

方針は一年間を貫くと心得る

4月。生徒指導主任に拝命されて一番にやるべきことは「生徒指導の方向性を打ち出す」ということです。この作業は一年間を貫くものになりますので，そのつもりで作業に当たるようにしましょう。

「定義」と「目的」を提案する

4月の職員会議。生徒指導主任であれば，必ずや何らかの提案事項があるはずです。

「生徒指導の方針」は必ず生徒指導主任から打ち出すようにしましょう。そして，その際に必ずチェックしておくべき資料は「生徒指導提要」の「生徒指導の定義」と「生徒指導の目的」の二箇所です。

p.18，21にも掲載しましたが，とても大切な文言なので，再掲します（特に職員会議で大切にしてほしい箇所を太字にしました）。

〈生徒指導の定義〉

生徒指導とは，児童生徒が，**社会の中で自分らしく生きる**ことができる存在へと，**自発的・主体的に成長や発達する過程を支える**教育活動のことである。なお，生徒指導上の課題に対応するために，**必要に応じて指導や援助を行う**。

〈生徒指導の目的〉
生徒指導は，児童生徒一人一人の**個性の発見とよさや可能性の伸長**と社会的資質・能力の発達を支えると同時に，**自己の幸福追求と社会に受け入れられる自己実現**を支えることを目的とする。

特に職員会議で強調したいことは次の点です。

- 「ありのままの自分」と「社会の中の自分」という二つの側面で子どもたちを見ること
- 「より良く生きよう」とするのは子どもたち自身であり，生徒指導は「より良く生きよう」とする子どもの資質や態度を育てるということ
- 生徒指導は「発見」「伸長」が基本的であり，前向きな教育活動であること

　これらを提案することで，「生徒指導提要」に基づいたこれからの生徒指導を提案していきましょう。

　とはいえ，これまでの生徒指導で大切にしてきたことにも引き続き継続していく要素があるはずです。そのあたりは，p.34に紹介した「プロアクティブ」「リアクティブ」という「生徒指導提要」の言葉を使って提案するとよいでしょう。ぜひ，４月にこれからの生徒指導について提案できるようにしていきましょう。

POINT!

- 「定義」と「目的」を活用し，これからの生徒指導を提案しよう。
- これまでの生徒指導を活かすためにも，「プロアクティブ」「リアクティブ」という言葉を使って提案しよう。

自己指導能力について共有する

職員室で共有したい「自己指導能力」

　今回の「生徒指導提要」で生まれた「自己指導能力」という言葉。私自身はとても重要なことだと捉えています。この「自己指導能力」という言葉は，必ず，職員室でも共有するようにしましょう。

「生徒指導観」をアップデートする

　どうして「自己指導能力」という言葉を職員室で広めることが大切なのか。それは，

> 先生方の生徒指導観を変えるため

といっていいでしょう。

　これまでの生徒指導は「先生から子どもたちに指導をし，伝えていくもの」と考えられてきました。

　つまり，何かあれば

> 先生の生徒指導が足りなかったのではないか

という視点で振り返りが為されていたといってもいいかもしれません。

問題が起こる→先生の生徒指導が不足していた→指導を強くする……

　こんなスパイラルが回り始めてしまったことも少なくないのではないでしょうか。

　しかし，行きつく先は決して明るい未来ではありません。

　先生が「もっともっと……」と信じて生徒指導をすればするほど，子どもたちは締め付けられてしまいますし，そのような指導をする先生自身も苦しい思いをしなければいけませんでした。

　その結果，子どもたちに対して……

・暴言
・体罰
・威嚇

など，絶対にしてはならないケースへと発展する可能性が生まれてしまいます。このような行為で行われる指導は教育とはいえません。

　しかし，そのような行為をしてしまう雰囲気や風土が生まれてしまった場合もあることを，私たちは振り返らなくてはいけません。

　だからこそ「生徒指導観」をアップデートするのです。子どもたちがより良い人生を生きるのは，子どもたち自身の力によるものです。子どもたちの「良くなろう」とする心や態度を育てていくことを意識していきましょう。

POINT!

・先生たちの「生徒指導観」を変えていこう。
・してはならない指導を生む雰囲気を変えていこう。
・子どもたちの「良くなろう」を育てる生徒指導をしよう。

「自己存在感の感受」について共有する

　本項からは，四つある「生徒指導の実践上の視点」の一つ一つをどのようにして職員室で共有していくかを考えていきましょう。「どのように職員室へ伝えていくのか」はとても大切なポイントです。

マズローの欲求5段階とあわせて押さえる

　まずは「自己存在感の感受」からです（詳細はp.24参照）。

　この「自己存在感の感受」から，職員室で伝えたいメッセージとは，

> 人は「大切にされている」という感覚を持つからこそ，「やろう」という気持ちを持つことができる

ということです。

　ここで「マズローの欲求5段階説」を見てみましょう。

　マズローは「自己実現の欲求」を頂点におき，五つの段階を提唱しました。

> 第1段階……生理的欲求
>
> 第2段階……安全欲求
>
> 第3段階……社会的欲求
>
> 第4段階……承認欲求
>
> 第5段階……自己実現の欲求

「段階は一段ずつ上がっていくことが基本である」と考えられています。

当たり前かもしれませんが，トイレに行きたくても行けない，いつ行けるのかもわからない教室で，第1段階の生理的欲求が満たされていないのに，「このテストで自分の力を出しきるぞ」という思いは持ちにくいでしょう。

そんな状況では，テストよりも「いつでもトイレに行きたい」という欲求を満たすことが先であり，そのような環境づくりが求められるはずです。

見つめ直してみると，学校は「自己実現」が多く求められる空間です。「授業では自分の意見をはっきり言いましょう」「漢字をしっかり覚えましょう」，どれも「自己実現」のための行動です。

そんなことを求め続ける学校ですから，「第3段階：社会的欲求（所属欲求）」「第4段階：承認欲求」をしっかりと満たしてやる必要があるのです。「自分が大切にされていない」「自分はこの学級（学校）にいていいのかわからない」と思っている心理状態で「自己実現」を果たそうと思えるわけがないのは，明白でしょう。

だからこそ，「生徒指導提要」でいわれている「自己存在感の感受」を先生方にも大切にしてもらいましょう。子どもたちが「自分も一人の人間として大切にされている」と感じられる学校づくりこそが，様々な成果を上げることのできる学校をつくるといってもいいのかもしれません。

先生方には，そうした理由もあわせて伝えていきましょう。

POINT!

・「自己存在感の感受」とあわせて「マズローの欲求5段階」を押さえよう。
・子どもたちが一人の人間として認められるからこそ，パフォーマンスが上がることを押さえよう。

「共感的な人間関係の育成」について共有する

先生とかかわり合っての人間関係

　学校はたくさんの人が集まる空間です。その空間をどのようにしてより良くしていくのか。それは担任の先生をはじめとする先生方の日ごろのかかわりが大きな影響を与えることはいうまでもありません。

より良い授業と言葉を大切に

　p.26でも紹介したように，「共感的な人間関係の育成の視点」は，生徒指導の実践上の視点でとても大切な点であるとされています。

　「失敗を恐れない」「間違いやできないことを笑わない」「支持的・創造的な空間づくり」など，こうした空間をつくりだすには，日ごろの適切な生徒指導が欠かせません。

　では，具体的には，いつ，人間関係を育んでいけばよいのでしょうか。

　まず，先生方に押さえていただくことは，

> 日ごろのより良い授業がより良い人間関係につながっていく

ということです。

　では，「共感的な人間関係の育成の視点」の中に含まれる「失敗を恐れない」「間違いやできないことを笑わない」という視点は，学校の中のどこにあるのか？　それは，やはり「より良い授業」の中に含まれています。

　この問題が正しいのかどうか，この課題に対して，自分はどのように考え

るのか，そして，自分自身は何を追究していくのか……。そんなことを真剣に考えられる授業があるからこそ「失敗」「間違い」「できない」が生まれます。そして，より良い授業の中では，それを共に解決していこう，いっしょに考えようという雰囲気が生まれます。

　つまり，生徒指導と日々の授業はとても密接な関係にあるといえるでしょう。先生方に，授業でそのようなことを大切にしてほしいことを伝える一方，

研究主任との連携

も，生徒指導主任には欠かせないことともいえます。より良い授業，挑戦できる授業を学校につくることが，より良い生徒指導へとつながっていきます。

　では，「より良い授業」以外の点では，どのようなことを大切にしていけばよいのでしょうか。どんな点を先生方にお願いしていくべきなのでしょうか。

　私は，

言葉

にあると思っています。「どのような言葉を使っているのか」は，人間関係をつくるうえでとても大切なことです。きれいな言葉，美しい言葉を意識して使うことのできる集団は，人間関係も健全なものになっていきます。

　そのためには，先生自身も適切な言葉を使うこと。その点も，ぜひ，先生方に伝えていきましょう。

POINT!

・より良い人間関係は普段の授業でつくると意識しよう。
・研究主任との連携も頭に入れておこう。
・適切な言葉を使うことも先生方にお願いしていこう。

「自己決定の場の提供」について共有する

未来の社会には「選択・決定」の力が必要

　子どもたちが生きるこれからの社会には，多様な選択肢が広がっています。学校で過ごす時間の中で「選択する」「自己決定する」ことの機会の充実はとても大切なことです。それらを先生方とも共有しておきましょう。

日常の中に「自己選択・自己決定」を生み出す

　GIGAスクール時代が学校に到来し，子どもたちの机上に「1人1台端末」という道具が一つ増えました。

　1人1台端末は，「鉛筆」「ノート」よりもさらにたくさんの機能を持っており，「今から教科書のまとめをするんだけど……」と一口にいっても，これまでよりも，より多くの選択肢が持てるようになりました。

・ノートにまとめる
・1人1台端末の○○というアプリを使ってまとめる
・1人1台端末のスライド機能を使ってまとめる

　まだまだあることでしょう。このときの目的は「学習内容を整理すること」であり，どの選択をしてもかまいません。これまでの時代では「ノートにまとめる」「プリントにまとめる」くらいしかなかった選択肢が，1人1台端末の導入によって一気に広がりました。

このようにして，学校の中で「選択する」という機会をより充実させることができるようになりました。

　もちろん，1人1台端末の使用のみが子どもたちの「自己選択」「自己決定」の機会を与えるわけではありません。ちょっとした工夫で，「選択・決定」の場面はたくさん生み出せます。

・新出漢字を何回書いて覚えるのか　【量的選択】
・計算ドリル，算数プリント，1人1台端末を活用したドリルのどれから学習を始めるのか　【手順的選択】

　このように，普段の授業の中でも「自己選択・自己決定」の場を生み出すことは可能なのです。

　これらのことを先生方にも伝えていきましょう。

　では，自己決定・自己選択をすることの何が良いのか。

　生徒指導の目的を達成するには「自己指導能力」を育むことが大切であると述べました。

　自分自身をより良くしていくための力を子どもたちにつけていく必要があり，そのための具体的な行為が「自分で選ぶ」「自分で決める」という経験にあるのです。

　ぜひ，自己選択・自己決定の大切さを職員室で共有し，子ども自身が選んで決定していく学校生活へと転換していきましょう。

POINT!

・自己決定の場は普段から生み出せるように意識して過ごそう。
・「自己選択・自己決定」は自分をより良くするための機会だと押さえよう。

「安全・安心な風土の醸成」について共有する

「安全・安心な風土の醸成」のために

　ここでは「安全・安心な風土の醸成」を先生方とどう共有するのかということについて考えていきましょう。安全・安心な風土の醸成のためには，生徒指導の立場を考えるだけでは達成することはできません。

各主任との連携が生徒指導を充実させる

　p.30で，「お互いの個性や多様性を認め合う」ことの第一歩は「知ること」と述べました。

　では，具体的に，職員室でどのようなことを提案していけばよいのでしょうか。

　私は，次の二点が重要であると思っています。

・週に一度の道徳授業の充実
・学級活動の充実

　週に一度の道徳授業では，その時間に扱う内容項目をもとに，それぞれの価値観に基づいて様々な議論を展開します。子どもたちは，道徳授業の時間が充実していくにつれ，友達の意見に耳を傾けるようになっていきます。

　「○○さんは，そう考えるんだ」

　「○○さんは，野球の練習を今がんばっているんだな」

　「○○さんが普段××を大切にしているのは，そういったことだったんだ」

こんな気付きをもたらすのが道徳授業の時間です。

それを先生方にも伝えるようにしていきましょう。

そして，学級活動の充実です。

学級活動では「自分たちの諸問題を話し合う時間」という内容が設定されています。「今，学級でだれが困っているのか」「みんなが安心して過ごすことのできる学級にするには，どうすればよいのか」そんなことを子どもたち自身が考えることのできる時間になっていきます。

ここで大切なことは，「先生が直接的に安全・安心な空間をつくる」のではなく，「子どもたち自身が安全・安心な空間をつくろうとする」ということです。子どもたちは，先生の言うことを聞くよりも「自分たちでそのような空間をどうつくればよいのか」ということを話し合うことを通しての方が，「安全・安心な空間づくり」に参画していこうという意識が高まってくるのです。

上記の二点を充実させるには，やはり次のことが欠かせません。

・道徳教育推進教師との連携

・学級活動主任との連携

生徒指導は，子どもたちや先生自身の毎日を充実させる行為です。決して一人で行うものではなく，各主任と連携しながら進めることを大切にしましょう。

POINT!

・週に一度の道徳の授業が認め合いにつながることを伝えよう。

・より良い空間づくりには子どもたちを主体とするように伝えよう。

・自分一人で進めるよりも各主任との連携を大切にしよう。

システムに エラーはなかったか チェックする

精神的な負担のかかる生徒指導だからこそ

精神的にも負担のかかる生徒指導案件は，事前に心構えが必要です。その心構えとはいったい何なのでしょうか。生徒指導における考え方の前提を考えていきましょう。

人ではなくシステムに目を向ける

生徒指導を進めるうえで，とても重要な考え方があります。それは，

> システムエラーが起こっていないかをチェックする

ということです。

生徒指導の案件は「人×人」で解決しようとすることがほとんどです。

いじめの問題が起これば子ども同士の話や保護者の方との話を密に行っていきますし，不登校の問題が起こったときにも，保護者の方との連絡は密にとることになるでしょう。

このような「人×人」の要素が他の学校に関する仕事の中でもとても強い生徒指導の案件だからこそ，

> 人のせいにしない

ことが大切なのです。

「○○先生だったらこの問題は大丈夫だろう」「××先生には解決のできない問題だ」などという学校の状態であれば，それは，かなり危険な状態であるともいえます。

　なぜなら，学校の多くの先生は学級担任であるということと，

> **どの学級でも生徒指導案件は発生する**

という可能性を持っているからです。

　生徒指導主任としては，「どこで問題が発生しても大丈夫」というシステムを学校の中で機能させる必要があるのです。

　よって，何かうまくいかないことがあれば「自分たちのシステムに改善点はなかったか」という視点で見直すようにしましょう。それこそが，学校全体の生徒指導力を高めることにもつながっていきます。

　さらに，システムに目を向けると良いことがあります。

> **（問題に近い先生が）心の負担を背負いすぎなくてよい**

ということです。いじめが起こった，不登校が起こったとなれば，関係する子どもに近い先生は，どうしても「自分の至らなさ」を責めてしまいますが，そうでなく，学校全体で考えるべきことであることを，職員室でも共有しておきましょう。

POINT!

・人ではなくシステムに目を向けよう。
・どの学級でも生徒指導案件は発生すると認識しよう。
・生徒指導案件は学校全体で捉えるものと共有しよう。

現場主義を徹底する

チーム学校を最大限に活かすために

　「チーム学校」は生徒指導の鉄則ですが，生徒指導主任としては，メリットとデメリットの両方を知っておく必要があります。両方を知り，現実的に機能させることのできる力をつけましょう。

現場から情報を得る大切さ

　生徒指導は学校全体で解決していくものであると，前項で述べました。
　しかし，そこには一つの落とし穴があります。
　チーム学校で解決しようとするからこそ生まれてしまう可能性のある要素です。

> 議論が堂々巡りしてしまうこと

　学校全体で解決するということは，常に，そのときに必要な人たちが集まって議論をしながら解決の糸口を見つけていきます。
　議論することはとても大切なことではありますが，生徒指導は議論だけでは解決しません。昔，あるドラマで「事件は会議室で起こっているんじゃない！　現場で起こっているんだ!!」という名言が流行りましたが，まさにその通りなのです。
　議論をしていて次のような状態になったときには要注意です。

- 止まってしまう
- 堂々巡りになる（同じ話が繰り返される）
- 空論や理想論となる

こうなったときには，

必要な情報が不足している

サインなのです。それ以上議論をしても，問題や課題を置き去りにした議論，つまり「子どもを置き去りにした議論」となってしまっているのです。

　そんなときは，そこで議論を打ち切り，「この先，どんな情報が必要なのか」を考え「どんなアクションをするか」を決定する必要があります。

- 当該の子どもに話を聞く
- 保護者の方に連絡をとる
- 周りの知っているかもしれない子どもに聞く

　様々な「現場」があります。生徒指導は現場主義。このことを必ず先生方と共有しておくようにしましょう。一歩前に出て情報を捕りにいくことが，問題をよりスムーズに解決させることにつながっていくのです。

POINT!

- チーム学校のメリットとデメリットを知ろう。
- 「議論の限界」を見極めよう。
- 「現場主義」を大切にすることを職員室でも伝えよう。

何かあったときには すぐに報告する

学校全体で取り組むために

　生徒指導を学校全体で取り組むうえで大切なポイントに「報告」があります。早期発見が生徒指導の原則といわれますが，そのためには「報告」が欠かせないのです。

生徒指導は「報告」から始まる

　生徒指導を学校で進めるうえで最も肝心なことは次のことです。

> 報告をすること

　もし「報告がなかったら……」と思考してみましょう。
　報告がなければ，

> 情報が上がってこない

　つまり，

> 問題に気付くことすらできない

ということになってしまいます。
　生徒指導の鉄則は，「生徒指導提要」でも記載されている通り

> 早期発見

が大原則です。小さなうちに発見することができれば，その解決のための労力は小さい力で済みますが，問題に気付かないままに大きくなればなるほど，その労力も比例して大きくなっていくのです。

　それは，知らなかった時間の分だけ大きくなっていくと捉えておいて間違いはないでしょう。

　よって，報告は報告でも

> できるだけ小さなうちに報告をする

ということが必要です。先生方には「こんなことで報告してもいいのかな」と思うことも，どんどん伝えてくださいと周知するようにしましょう。もし，報告をしてもたいしたことがなければ，それにこしたことはありません。報告は小さなうちからどんどんと受けるべきです。

　では，小さな報告を受けるためにはどうすればよいのでしょうか。

　それは，

> 報告しやすい雰囲気

をつくることが何より大切です。だれからも気軽に報告してもらえるような雰囲気を大切にしましょう。

POINT!

・生徒指導は「早期発見」が大原則と捉えよう。
・小さなことでもどんどん報告してもらおう。
・報告しやすい雰囲気をつくるように意識しよう。

解決に必要な人への連絡を

連絡はスピードが命

　報告を受け，生徒指導案件として具体的に動いていくのならば，関係する方々に「連絡」をしていかなければなりません。この連絡をスピーディにすることが重要になってきます。

「連絡」こそ問題解決の第一歩

　生徒指導主任が「報告」を受けた後にすることがあります。
　それは

> 連絡

に関する業務です（昔から大切といわれている報（報告）・連（連絡）・相（相談）です）。
　生徒指導主任は報告を受けてから，次のことを判断する必要があります。

> **生徒指導として対処するべき事案か**

　小さなうちから報告を受けることが大切な生徒指導主任の仕事。しかし，受けた報告にすべて対処するとは限りません。ここで「まだ対処するべき事案ではない」と判断したときには，これでいったんは終了となります。
　もし，報告を受けて，何かアクションを起こさなければならないと判断し

たときには，「連絡」の業務を発生させます。

　大切なことは次の二点です。

> ・だれに連絡をするべきか
> ・だれが連絡をするべきか

　この二点を意識して連絡をするようにしましょう。

　まずは，目の前の生徒指導案件を解決するために「だれがかかわるべきなのか」を判断します。ある学級担任の生徒指導事案であれば「学年主任」「教頭」などが考えられますし，けがに関するような事案であれば，そこに養護教諭がかかわってくるでしょう。また，器物破損であれば用務員の方，給食に関することであれば栄養教諭などが考えられます。

　このように，事案によって連絡すべき人が異なってきます。

　生徒指導主任は，それらを把握できるようにならなくてはいけません。

　また，これらの連絡を生徒指導主任一人が実施するわけではありません。

連絡を頼む

ことも，業務をスムーズに進めるためには欠かせないことです。スピードと正確性の両方を考えながら，連絡を頼む方に指示をしていくようにしましょう。

POINT!

・連絡をすることが，問題解決の具体的な一歩であると捉えよう。
・目の前の案件にだれがかかわるのかを判断できるようにしよう。
・連絡を頼むことも頭に入れておこう。

自分だけで抱え込まずに相談を

チーム学校が当たり前に

現代の生徒指導は「複雑化・高度化」しています。一人で解決できるような事案は昔に比べて非常に少なくなりました。いまや，ほとんどの事案がチームとして取り組まなければいけない時代になっているのです。

決して一人では対応しないという覚悟

生徒指導は組織で対応する。つまり，「生徒指導提要」にも書かれている「チーム学校」で対応するということです。

では，どうしてチーム学校で対応しなければいけないのでしょうか。

まずは，時代の変化です。

- 学校が抱える問題や課題が複雑化している
- 学校が向き合う問題や課題が高度化している
- 生徒指導を問題解決しようとする際のルールが複雑化している

今回の「生徒指導提要」の中では，「いじめ」「不登校」はもちろんのこと「性的マイノリティ」「精神疾患」といった現代的な課題も含まれて提示されています。そんな理由から，生徒指導の内容が「複雑化・高度化」しているともいえるでしょう。

また，昔ながらの生徒指導では「先生の言うことだから」といった言葉が代表するように，「人と人の関係」だけで問題が解決されたような事例もあ

ったことと思いますが，昨今の生徒指導では，それだけでは通用しなくなりました。人と人との信頼関係が土台にあり，その上に制度やルール，理論なども関連させて対応していかなければならないのです。

だからこそチーム学校なのです。

> 決して一人で対応できるだけの事案ではない

のが，今の生徒指導であると認識しましょう。

また，時には「学校」だけでは解決できないこともあります。「生徒指導の構造（2軸3類4層）」でも示されているうちの「困難課題対応的生徒指導（4層）」では，教育委員会，警察，病院，児童相談所……などと相談することが明記されています。

> 時には学校だけでは対応しない

という事案があることを覚えておきましょう。

現代は事案の複雑化・高度化により，一人の力に頼るのではなく，そのときに必要な人材や機関が連携をしあって問題を解決していくことが強く求められています。

生徒指導主任は，問題を直接的に解決するだけでなく，問題解決のコーディネーターという意識を持っておくようにしましょう。

POINT!

・決して一人だけの力で解決しようとしないことを心得よう。
・学校だけで解決できない事案もあることを心得よう。
・生徒指導主任は，問題解決のコーディネーターであると心得よう。

全教職員がすべての児童生徒を把握する

各種名簿は学校に欠かせない資料

　学校にはいくつの名簿がありますか。「たくさんあると大変……」「それだけ種類があっても見ないなぁ」と思っているかもしれませんが，名簿は「何かあったとき」に必要となる大切な資料です。

各種名簿をそろえる意味

　生徒指導主任として，学校の生徒指導の環境をつくるうえで大切なことがあります。

　それが

いつでも全校児童生徒を全教職員がわかるようにする

ということです。

　具体的には

全校児童生徒の名簿を用意する

ということです。

　また，全校児童生徒の名簿には，いくつかの種類があります。

- 全校児童生徒名簿（学級ごと）
  （一枚になっているものと学級ごとに顔がわかるもの）
- 地区別名簿
- 委員会別名簿（5年生以上など該当学年のみ）
- クラブ活動別名簿（4年生以上など該当学年のみ）／部活動別名簿
- たてわり班別名簿

　このような名簿を作成し，いつでも見ることができるようにしておくことで，いつでも，だれでも何かあったときに調べることができます。作成は，生徒指導主任のみで行うのではなく，教務主任をはじめとする各担当の先生と協力して行いましょう。決して一人で作成するわけではありません。

　では，このような全校児童生徒名簿はだれが頻繁に活用しているのでしょうか。学級担任として過ごしているだけでは見えないかもしれませんが……

- 校長
- 教頭
- 教務主任
- 養護教諭
- 栄養教諭

　こうした先生たちは頻繁に全校児童生徒名簿を利用していることも知っておきましょう。

POINT!

- 何かあったときのために全校児童生徒名簿が必要なことを押さえよう。
- 児童生徒名簿は各種そろえるようにしよう。
- 児童生徒名簿をよく利用している先生を知っておこう。

事実と指導は 分けて考える

「何のため」と「やり方」を忘れない

　窓ガラスが割れた，友達を傷つけた，自分がやったことを隠してしまった……。学校では様々なことが起こります。それらに対して先生は指導をしますが，いつも「何のため」と「やり方」を忘れないようにしましょう。

生徒指導は子どもの成長のために

　生徒指導主任として，先生方と必ず共有しておきたい指導の方針があります。それは，

事実と指導を分けて考える

ということです。

　まれに「事実の聞き取り調査をしているときに指導をしてしまう」という先生を見かけることがあります。

〈例〉器物破損を聞き取っている場面
先生：どうして窓ガラスがこわれちゃったの？
子　：使ってはいけない場所でボールを使っていたからです。
先生：そこはダメって前から言われているでしょ!!!!
先生：だれと遊んでいたの？
子　：………。

このように，途中で指導を入れてしまうことで必要な情報が集めにくくなってしまいます。子どもも指導されたことにより話しにくくなってしまい，事実を隠そうとする可能性もあります。

　やはり，事実の聞き取りと指導は分けなければいけません。

先生：どうして窓ガラスがこわれちゃったの？

子　：使ってはいけない場所でボールを使っていたからです。

先生：だれと遊んでいたの？

子　：AさんとBさんです。

先生：だれが「ここで遊ぼう」って言い出したの？

子　：Aさんです。

先生：いつからここで遊ぶようになったの？

子　：一週間くらい前からです。

　このようにして，まずは事実を聞き出すことから始めていきます。聞き出すときは「5W1H」の質問を基本とするとよいことも共有しておきましょう。

　事実をすべて聞いてから指導に入ります。すると，冷静になって先生も指導しやすくなりますし，「けがはなかった？」など，子どもを気遣うこともできるでしょう。

　生徒指導の目的は，あくまでも「自己指導能力」を高めるため。どのような指導によって「次からはやめよう」と子どもが<u>自分から</u>思えるかを考えて指導していきましょう。

POINT!

・事実の聞き取りと指導を分けよう。

・聞き取りの質問は「5W1H」を基本としよう。

・指導後に子どもが自分から「やめておこう」と思える指導を心がけよう。

できるかぎり記録に残す システムづくり

時間が経つほどわかる記録の効果

　生徒指導にとって「記録」はとても大切なデータとなります。記録の効果は時間が経てば経つほど実感することでしょう。「何があったのか」という事実を残すことのできるシステムを考えましょう。

大切な記録だからこそ手軽に残せる方法を

　大きな生徒指導をすればするほど，身体的にも精神的にも負担がかかるものです。繰り返し聞き取りをしたり，事実関係を調べたり，他機関と調整をしたり……。大きな生徒指導案件に取り組むときには，その他の業務に支障が出てしまうこともしばしば……。

　そんな渦中の際に，どうしても後回しになってしまいがちな業務があります。

　それが，

記録に残す

ということです。

　生徒指導案件はナイーブな内容となるものもよくあります。

　だからこそ「記録に残す」ということは，何かの話し合いのときやその後の引継ぎのことを踏まえて，とても大切な情報になります。

　では，記録の残し方として，どのような方法があるのでしょうか。

- ノートに記録する
- データとして残す

そのどちらかが考えられるでしょう。

それぞれのメリット，デメリットは次の通りです。

	メリット	デメリット
ノート	保管場所がわかりやすい。（金庫の中など） すぐに書ける。（開くだけ） 持ち運びが楽。	手書きなので，詳細が書けない。 金庫などに入れないと紛失の恐れがある。
データ	詳細に残すことができる。 情報も整理しやすい。 PC を通じてアクセスしやすい。	書く場所が制限される可能性がある。 データ上の整理をきちんとしないとアクセスできない。

　もちろん，ハイブリッドの形も考えられます。聞き取りの際はノートに記しておき，その後 PC に打ち込むという方法もあります。ただ，どうしても「ノート→PC」という手順を踏むので，手間がかかってしまうことが大きなデメリットです。

　学校の実情や自治体の PC 環境によっても「アナログかデジタルか」は判断が分かれるところでしょう。いずれにせよ「すぐにできる」「かんたんにできる」方法でなければ記録は続きません。無理のない方法を検討しましょう。

POINT!

- 「記録」が重要なデータとなることを押さえよう。
- アナログとデジタルのメリット，デメリットを知ろう。
- 記録は無理のない方法を選ぶようにしよう。

生徒指導部会を運営する

先生方の生の声を

　学校の生徒指導を安定させるためには，月に一度の生徒指導部会をきちんと運営することです。そのためには，先生方から生の声をしっかりと集められるようにしなくてはいけません。

生徒指導部会で先生方から意見を集める

　おおよそ月に一度程度行われる生徒指導部会。
　この生徒指導部会はとても大切な機会です。

> 学校の生徒指導の核

　そんな風に捉えるようにしましょう。
　生徒指導部会がしっかりと運営されていれば，学校の生徒指導もずいぶんと安定します。逆もまた然りで，生徒指導部会が安定しなければ，残念ながら学校全体の生徒指導もうまくまわらないでしょう。
　では，月に一度の生徒指導部会では，どのようなことが話し合われるとよいのでしょうか。
　例えば，次のように運営します。

・はじめに
・各学年より（気になる子どものことなど）

・その月に話し合うべき事項（あいさつ運動について　など）
・全体を通じて

このような流れで運営します。

どれも大切な項目なのですが，特に大切にしたいのが，

・各学年より
・全体を通じて

の二項目です。

　各学年では，学年の気になる子どもを中心に交流するようにします。よく「この場で報告すると自分の学年が悪く見られる」と思って躊躇される先生もいらっしゃるので，決してそのようなジャッジをするためではなく，純粋に学校全体の子どもたちの様子が知りたいということを，きちんと説明しておきましょう。

　ここは，各学年の様子が生徒指導主任に入ってくる重要な場面です。時間は限られていますので，コンパクトな説明をお願いすることにはなりますが，よく注意して報告を受けるようにしましょう。

　また，各学年の様子とは別に「全体を通じて」という項目を設けるようにします。ここでは，自分の学年にはとらわれずに学校全体を通じて広く意見を聞きます。すると「あそこの使っていない階段の使い方は……」「運動場のでこぼこが危ない……」などといった意見を拾うことができるのです。

POINT!

・部会が生徒指導の核となることを意識しよう。
・各学年からの意見が言いやすい雰囲気をつくろう。
・部会の最後には，学校全体から広く意見を集めよう。

職員会で先生に話す

職員室で信頼を集めるために

　生徒指導主任は「正確な情報をはっきりと伝える」という能力が求められます。そのような情報発信のできる生徒指導主任は，職員室でも信頼を集めることでしょう。

生徒指導主任ははっきりと間違いなく伝える

　生徒指導主任に限らず，どんな主任になっても「職員会」で声を上げることが多くなります。職員会は，「職員会議」はもちろん「朝会」「終礼」など，学校によって設定されているはずです。

　では，生徒指導主任として，どのようなことに気を付けて全体へ発信していけばよいのでしょうか。

　生徒指導主任と他の主任の伝え方とで決定的に違うことがあります。

　それは，

> 子ども自身の情報を扱う

ということです。「昨日，○年×組の△△さんが交通事故にあってしまいました」「○年×組の□□さんが校内でガラスを割ってしまいました」など，実名を入れて情報共有をすることが多くあります。

　だからこそ，

間違えることなくはっきりとした情報伝達が必要

になってくるのです。

　では，先生方に伝えるときに，どのような点を意識するとよいのでしょうか。はっきりと間違えることなく情報を伝えるために，次のことを盛り込んで話をしてください。

- いつの話か
- だれなのか
- 場所はどこなのか
- 何が（を）関係したのか
- どのようになったのか

　これらの点をしっかりと意識をして話をまとめるようにしましょう。
　そして，あわせて守ってほしいことがあります。

事前にメモをとってから全体に発言する

　大切な情報は，書かなくてはブレたものになってしまいます。
　メモをするものはメモ帳でも PC のメモアプリでも何でも構いません。
　「文字化してから発信する」ということを必ず守るようにしてください。

POINT!

- 生徒指導主任は大切な情報を扱うことを心得よう。
- 全体発信する前には，必ずメモをとってから発言しよう。

全校朝会で 子どもたちに話す

対子どもへの話し方

　全校の子どもたちの前で話す機会もある生徒指導主任。子どもたちに向けてはどのように話をすればよいのでしょうか。職員室と全校朝会では，話し方を切り替えなければいけません。

全体への話の中に「余白」をつくる

　職員室では「正確にはっきりと情報を伝えること」の大切さについて述べました。では，子どもたちに対してはどうでしょうか。
　先生たちと子どもたちでは，伝えるときの目的が変わってきます。
　子どもたちに伝える以上は

> 自己指導能力を育む

ことを目的にしていかなければいけません。
　例えば，トイレのスリッパがきれいに並んでいないことが気になる場合，どのように子どもたちに伝えるとよいのでしょうか。
　普通に伝えるのであれば
「最近，トイレのスリッパの使い方がよくありません。使った後はていねいに並べましょう」
と言うでしょう。
　しかし，それでは，自己指導能力を育むことはできません。

「自分たちで自分たちを良くしよう」という気持ちになれないのです。

では，どうすればよいのでしょうか。

子どもたちに「より良くしよう」という意欲を持たせるためには，

> 問いかけ

をうまく使うことです。

> 「最近，気になることはありませんか？」
>
> 「先生，トイレに行くと『良くないなぁ』と思うことがあったんです。何だと思いますか？」
>
> 「トイレのスリッパがきれいに並んでいませんでした」
>
> ※可能であれば写真を提示する。
>
> 「トイレのスリッパ，○○小学校として，どうなっているといいのでしょうか。みなさんも一度考えてみてください」

「トイレのスリッパをきれいに並べましょう」と言いたいところですが，そこをぐっとこらえます。直接的に伝えずに，問いかけを通じて伝えるようにするのです。

　問いかけを使うと「余白」が生まれます。余白があると，子どもたちは自然に「どうすればいいだろう」「きれいにしよう」と「自己選択・自己決定」することができるのです。

POINT!

・職員室と子どもたちに対してとでは伝え方を切り替えよう。

・子どもへの話は「問いかけ」をうまく使おう。

・話の中に「余白」をつくり，子どもたち自身で決断させよう。

長期休業の前に
子どもたちに話す

長期休業も安全・安心あってこそ

　子どもたちが楽しみにしている長期休業。それも「安全・安心」があるからこそであり，万が一，事件や事故に巻き込まれてしまっては，当然，楽しい長期休業も楽しいものにはなりません。

長期休業前に話すこと

　長期休業の前後にも，生徒指導主任として子どもたちの前で話をする機会があります。とりわけ，休業前には，子どもたちにどのようなことを話せばよいのでしょうか。

　夏休み・冬休み・春休みと共通して子どもたちに話をしたいことは以下のようなことです。

> ・長期休業でも生活リズムを崩さないように気を付けよう
> ・三つの車のお世話にならないようにしよう（救急車・消防車・パトカー）
> 　　　　　　　　　　　　　　　　　　　　※向山洋一先生実践参考
> ・何かあったときには学校まで連絡をするようにしよう

　とにかく，生徒指導主任としては

> みんなが無事に次の登校日に会えること

を目的として話をします。

　では，それぞれの長期休業では，どのような話をすればよいのでしょうか。以下はその一例です。

〈夏休み前〉
- 暗くなるのが遅いとはいえ，家庭で決められた時間になったら帰宅する。
- 火遊びに気を付ける（子どもだけで花火をしない）。
- 水の遊びに気を付ける（海やプール）。

〈冬休み前〉
- 一年のうち，たくさんお金を手にする人が多い時期（お年玉）。お金の使い方をお家の人とよく相談する。
- たくさんあいさつをする時期（年末年始のあいさつ）。自分から積極的にする。

〈春休み前〉
- （小学生の場合）上級生は1年生を迎えに行くこと（詳細は p.98）。

　共通の話題に合わせて，その時期ならではの話を盛り込むことで，長期休業前の話もばっちりです！

POINT!

- 長期休業前は生徒指導主任の出番だと心得よう。
- どの休業前でも大切なことは必ず話そう。
- 時期に合わせた話を盛り込もう。

生徒指導課題について 保護者と共有する

学校と家庭をコーディネートする

生徒指導主任は生徒指導をコーディネートする役割だと p.75で述べました。では，コーディネートする範囲は学校内だけでいいのでしょうか。そうではなく，学校と家庭をコーディネートする意識を持つ必要があります。

学校と家庭の付き合い方

学校は学校内だけの生徒指導をする。

そんな風に言いきったとしても，子どもたちは学校と家庭の両方の世界で過ごしているのであり，そのような立場をとったとしても，子どもたちの成長にはつながらないでしょう。

> **学校と家庭の相乗効果で子どもは成長する**

そのことを忘れないようにしましょう。

とはいえ，「学校が家庭に踏み込んで子どもを指導する」というわけではありません。以下のような事案は「直接」学校が指導する内容ではありません。

- 店で万引きをした
- 校区内の公園でもめごとがあった
- インターネットのゲーム内でもめごとが起こった

学校が主体となってかかわっていくことは，あくまでも学校内の出来事です。

　つまりは，

学校と保護者とのかかわる範囲を明確にしておくこと

が大切となります（とはいえ「いじめ」などの重大事案は学校の内外を問わずに指導しなければいけません）。

　そして，「学校」「家庭」を切り離してしまうのではなく

学校と家庭が協力し合う

ことが何より大切です。

　「早寝・早起き」「情報モラル」「あいさつ」など，学校としても重点課題となるようなこれらの項目は，決して学校だけで実施するものではありません。

　では，どうすれば家庭は学校に協力することができるのでしょうか。

　それは

学校からの情報発信

に，かかっています。学校HP，手紙などを有効に使い，学校が取り組んでいること，学校が課題に感じていることを発信していきましょう。

POINT!

・学校が「直接」指導する領域を整理しよう。
・「学校」「家庭」が協力する視点を持とう。
・協力をしてもらうには「発信」が大切であると心得よう。

月の生活目標を運用する

月目標をより良いものにする

　学校にある「月目標」は，どれだけ効果を発揮していますか。月目標が校内で活かされるかどうかは，生徒指導主任にかかっています。ちょっとした工夫で月目標をより良いものにしていくことができます。

月目標の活かし方

　多くの学校で取り入れられている「月目標」。これらも子どもたちの生徒指導にしっかり活用していきましょう。

　多くの学校では，月目標を様々な箇所に掲載していることと思います。

　教室内への貼り出し。学校だよりや学年だよりへの記載など。

　子どもたちも目に触れることが多いのではないでしょうか。

　しかし，目に触れたからといって，その目標を意識するかといえば，それはありません。貼り出しているだけでは「飾り」にもならないでしょう。

　では，どうすればよいのでしょうか。

　一つの方法として，

> その月の全校朝会で生徒指導主任から話をする

ことがあげられます。

　話をする際には，p.87で述べた「問いかけ」をうまく活用しましょう。問いかけのない生徒指導の話は押しつけがましくなることが多く，子どもたち

の自己指導能力の育成にはつながりません。

　月によっては，生徒指導主任からではなく養護教諭など，別の立場から話をしてもらう方がよいこともあります。月目標に合わせていろいろな先生と連携をとっていきましょう。

　では，一年間の月目標には，どのようなものがあるのでしょうか。

　以下は，その一例です。参考にしてみてください。学校のカリキュラムと連動させると，効果をより高めることができます。

月	月目標	備考
4月	新しい仲間を知ろう	学級開き
5月	いじめについて考えよう	
6月	雨の日・暑い日の過ごし方を考えよう	梅雨入り
7月	ていねいにそうじをしよう	
9月	あいさつをしよう	
10月	外に出て遊ぼう	運動の秋
11月	時間を意識して行動しよう	校外学習が多い
12月	整理整頓をしよう	2学期末・大掃除
1月	給食をしっかり食べよう	給食週間
2月	手洗い・うがいをしよう	インフルエンザ流行
3月	一年のまとめをしよう	学級締め

POINT!

・月目標をしっかり活かそう。

・月目標も自己指導能力を育成できるよう工夫しよう。

・学校のカリキュラムに合った月目標を設定しよう。

避難訓練を実施する

本番をどれだけ意識できるか

　避難訓練は「どれだけ本番のことを意識して実施できるか」にすべてがかかっています。このことを子どもたち，そして先生方と共有し，より良い避難訓練にしていきましょう。

避難訓練ごとのポイントを押さえる

　避難訓練の実施。これからやってくるといわれている南海トラフ大地震のことも踏まえ，とても意識が高まっていることと思います。

　普段の避難訓練でどれだけ意識を高く持って実施しているかどうかが，いつやってくるかわからない「避難本番」にかかわってきます。

　つまり，避難訓練は

> 子どもたち自身の生命にかかわる行事である

ことを，教職員，そして子どもたち自身が強く自覚しておかなければいけません。

　そういった意識を前提に訓練を実施するようにしましょう。

　以下に，避難訓練の種類とポイントをまとめています。

　参考にしてみてください。

〈火災〉 ☆迫る煙からいかに素早く安全に避難するかがポイント

・冷静にできるだけ速くグラウンドに避難する。

・ハンカチなどで口と鼻をふさぎ，煙を吸わないようにする。

・窓を閉めてから避難するようにする。

〈地震〉 ☆落下物に気を付けて避難することがポイント

・まずは机の下などに入り落下物から身を守る行動をとる。その際はできるだけガラスがある方に背を向ける（顔を守る）。

・揺れが収まってから避難を開始する。

・避難の際は教科書などで頭を守る。

・教室などの窓は開けておく。

・グラウンドで安全が確認されたら 3 階以上などの高い場所に避難する（津波対策。避難の高さは各自治体で必ず確認してください）。

〈引き渡し訓練（グラウンドに避難後）〉
　　　　　☆引き渡しの際に確実に確認することがポイント

・管理職は保護者に緊急のメールを送信する。

・引き取りに来た保護者には子どもの名前をフルネームで言ってもらう。

・子どもに自分の知っている人（特に祖父母・叔父叔母の場合）かどうかを確実に確認する。

POINT!

・練習を真剣なものにすることの大切さを押さえよう。

・避難訓練は子どもたち・先生方の生命にかかわることと自覚しよう。

・各種訓練のポイントを押さえて実施するようにしよう。

集団下校を実施する

集団下校も避難訓練と同様に

　集団下校の訓練も避難訓練とあわせて行うことがあるかと思います。では，子どもたちの危機意識はどうでしょうか。避難訓練同様，意識を高く持って下校の訓練を行いましょう。

集団下校の意識を高める

　近年，少なくなってきたものの，集団登校している学校は多くあることでしょう。しかし，集団下校は何か緊急のことがなければ，基本的には実施されません。

　具体的には……

・急な悪天候（台風，大雨，大雪など）
・校区内で事件や事故があった

などがあげられます。

　避難訓練は緊張感を持って行われる雰囲気ができているかと思いますが，集団下校では子どもたちは，そこまでの意識が高まっていません。

　しかし，実際は上記のように「何か」があったときでなければ集団下校をすることはありません。基本的には地区別に集まり，小学校であれば高学年がリーダーとなって集団下校します。そのことを平時から伝えておきましょう。

　ここからは，私が実際に体験した話をお伝えします。

3階の校舎で6時間目の授業を終えた私は，何も考えずに職員室へ向かおうとしました。

　すると，ある子が

「すごい煙が上がっている」

と言います。

　私は（野焼きか何かか？　でも校区内には畑なんてないけれど……）と思ってその煙を見ました。

　しかし，「万が一」を考え

「いったん，子どもたちを教室から出さないでください!!」

と廊下で大きな声を出しました。学級担任に緊急で指示を出すためです。

　その声を，まだ下校していなかった2階フロアに届けてから，職員室へ下りました。

「校区内で火事が起きているかもしれません」

　そのように職員室で伝え，事実確認を行いました。

　事実を確認したところ，やはり火事が起きていたのです。

　子どもたちを安全に帰すことができるかどうかを地図を使って，現場を見に行って確認しました。

　その時間を使って，集団下校の準備をしました。

　子どもたちは地区別に並んで待機をしています。

　このときには高学年のリーダーがとても頼もしかったです。いつものように点呼を行い，リーダーが先頭になって，安全に帰ることのできる地域から下校しました。心配な地区は教員とともに下校したのでした。

　このように，何かが起こったときのためにもいつでも集団下校を備えておかなければいけないのです。

POINT!

・集団下校も避難訓練同様，意識を高めよう。

・何かあったときにすぐに下校できる体制をとっておこう。

1年生のお迎えを上級生に託す

新1年生の迎え入れを万全に

　本項は小学校に限ってのことになりますが，新年度を迎えるには「新1年生の登校」を万全にしなければいけません。不安と期待が入り混じった新1年生の子どもたち。保護者も同じ思いです。万全の準備で迎え入れましょう。

新1年生の登校に「安全・安心」を

　新1年生の登校。
　子どもたちはもちろん，保護者の方もドキドキしているはずです。
　小学校の入学への期待はもちろんですが，
　「本当に一人で通うことができるのかな」
　「ちゃんと学校へたどりつくのかな」
　保護者の方はそんな不安を間違いなく持っています。

　では，そのような保護者の不安を払拭するにはどうするか。
　それは，

> はっきりとした新1年生の方針を持つ

ということです。
　学校によって新1年生の登校体制は様々でしょう。

> ・４月までに一人で登校できるようにさせておく
> ・近所の高学年の子どもといっしょに登校する
> ・登校班で登校する

　いずれにしても，保護者には，はっきりと「このように登校させてください」と，入学前の説明会で伝えておきましょう。

　「近所の高学年の子どもといっしょに登校する」という形をとる学校もあることと思います。

　その場合は，以下の点に気を付けてください。

> ・お迎えに行く期間はいつまでにするのか明確にしておく（４月いっぱいなど）。
> ・どこで合流するのか決めておく（自宅までという場合ももちろんある）。
> ・自分（高学年の子ども）が欠席する場合はどうするのかを決めておく（お互いの保護者同士が知り合いでない場合はいったん学校まで連絡し，学校から１年生の保護者に連絡をとるという流れをつくる。何時までに連絡をするのかを高学年の子どもたちに明示しておく）。
> ・高学年の子どもが校外学習で登校時間が早まるなどして迎えに行けない場合は，事前にきちんと伝えておく。

　このようなルールを明確にしておくことで，トラブルなく新年度をスタートすることができます。ぜひ参考にしてください。

POINT!

・新１年生が安心して登校できる環境を生み出そう。
・直接知り合いではない近所の高学年が迎えに行くときは，約束ごとをきちんと決めておこう。

校長先生と
方針の確認をする

校長先生との連携

　生徒指導主任として「校長先生とどのようにコミュニケーションをとるのか」は，とても重要なことです。ここでは，生徒指導主任としての校長先生とのコミュニケーションのとり方を考えましょう。

校長先生とベクトルを合わせる

　生徒指導の方向性は学校全体にも，とても大きな影響を与えます。

　子どもたちの行動に注意がきつくなりすぎると子どもたちが追い詰められすぎてしまうし，かといって，小さな指導をおざなりにしていては，学校全体の気が緩み，良い意味での緊張感がなくなってしまいます。すなわち，学級崩壊につながりやすくなるというデメリットがあるのです。

　では，その方向性をどのようにして調整していくのか。

　だれと相談していくのか。

　そのカギはもちろん

　校長先生

にあります。

　校長先生は学校の船頭です。

　校長先生が「こっち」と思っているのに，生徒指導主任が「あっち」と思

えば，船はまっすぐには進みません。力のベクトルがそろわないからです。

　校長先生と「生徒指導の方向性」を調整することで，良いことがたくさんあります。

- 校長先生の生徒指導の方針を知ることができる
  →「校長先生はどのようにお考えでしょうか」という問いかけが有効。
- 生徒指導主任としての意見を伝えることができる
  →「生徒指導提要」や「子どもたち・保護者・地域・先生などの実態」をもとにして根拠を持って伝えることが大切。
- リスクマネジメントについても話題にあげておく
  →子どもたちや学校全体の実態を踏まえて，どのような可能性（学級崩壊，配慮の必要な子ども，先生方の対応など）があるのかを共有しておく。

　もちろん，まだまだ話題は多くなることでしょう。

　そして，平時は教頭先生とコミュニケーションをとることが普通であり，校長先生とコミュニケーションをとることができる期間は限られています。

　校長先生とコミュニケーションをとることができるのは，人事について相談を受けるときか新年度の４月といったところです。

　もちろん，その他の時期でもコミュニケーションをとることは良いことではありますが，限られた期間だと思って，時間を大切に使いましょう。

POINT!

- 校長先生と生徒指導主任とのベクトルを合わせよう。
- 校長先生とコミュニケーションをとる良さを押さえておこう。
- 校長先生とのコミュニケーションは限られた時間であると認識しよう。

教頭先生と日々の連携をマメにする

教頭先生とタッグを組む

生徒指導主任としての日常のコミュニケーションで大切なこと。それは教頭先生とのコミュニケーションです。教頭先生とはいつでもタッグを組めるような体制をとっておきましょう。

教頭先生と小さなコミュニケーションを大切に

本項のタイトルは「教頭先生と日々の連携をマメにする」としました。

教頭先生と校長先生のコミュニケーションの違いは次のことです。

> 教頭先生とは平時から連携を密にする

これは，いったいどういうことでしょうか。

例えば，日ごろの学級での指導などで困ったことは，生徒指導主任に担任の先生が相談にいくことでしょう。

生徒指導主任は，担任の先生の困りごとを聞き，必要であれば助言をしていくこととなります。

しかし，ちょっと問題が大きくなり，学級担任だけで解決することが難しくなった場合はどうなるか。

これは，小学校に限ったことではありますが，

教頭先生の出番

が，すぐにやってきます。

　保護者の方とうまく話がまとまらなかったときには，教頭先生も入って解決の方法をいっしょに探していくこととなります。

　そのときに

教頭先生が情報を知らない

では，話にならないのです。保護者面談をしているときなどに「え？　そうなんですか？」などと，学級担任や生徒指導主任が知っている情報を教頭先生が保護者から知るような事態は絶対に防がなくてはいけません。

　それには，事前にこちらで準備をしておくことです。そのようなことを怠ってしまえば，解決できるものもできなくなってしまいます。

　そして，

どの案件が大きくなるかわからない

というのも生徒指導の難しさです。だからこそ，教頭先生とはマメに連携をとる必要が出てくるのです。

　教頭先生と話をするのは３分でも５分でも構いません。

　日常的な小さなコミュニケーションをとるように意識しましょう。

POINT!

・校長先生と違い，教頭先生とは普段から連携するようにしよう。
・生徒指導はどの案件が大きくなるかわからないと心得よう。
・教頭先生と３～５分の連携をしよう。

児童会主任とタッグを組む

児童会主任との連携で生徒指導を充実させる

　生徒指導主任と児童会主任の連携は，学校の生徒指導を充実させるためには欠かせません。では，実際にはどのようにして連携していけばよいのでしょうか。ここで考えてみましょう（中学校の場合は，生徒会主任と置き換えてお読みください）。

子ども主体の学校づくりのために

　生徒指導主任は，たくさんの部署と連携をとって進めていかなければいけませんが，中でも

> 児童会主任との連携

は，とても大切なものになります。

　学校の多くの生徒指導は，先生方や生徒指導主任からの発信になることと思いますが，本来は，その発信を子どもたちにも託していくのがベターです。

　これからの学校教育では，

> ステークホルダー（より学校教育にかかわる資源）

が注目されています。これまでは，学校の先生のみが実施してきたようなことを，もっと視野を広げて，たくさんの人たちに学校教育にかかわってもら

おうという動きが出ています。

　そして，これからの学校教育では子どもたちも立派なステークホルダーであるという認識がなされています。「より良い学校づくり」のために，子どもたちの持つ力も存分に発揮してもらおうという趣旨です。

　では，具体的にはどうするのか。

　その一つが，児童会が主体となって学校づくりに参画することです。

　例えば，

> ○○小の課題は何か？
> ここを解決すればもっと良くなると思うことは？

などを話し合わせます。決して疑似的ではなく，本質的な議論をすることがポイントです。

　その中で「あいさつができていない」「整理整頓が心配」「廊下を走ってしまっている」などの意見が出るでしょう。

　では，その解決のためにできることは……と話し合いが進んでいきます。もしかすると，生徒指導主任の立場から「先生も同じことを感じていました。では，あいさつ運動などをやりませんか。みなさんの力を貸してください」という話の流れになっていくかもしれません。

　こうした流れは，「先生が子どもを指導している」という立ち位置ではなく「先生と子どもが同じ立ち位置で解決を目指している」という状態です。

　こうして，生徒指導主任として児童会主任，または児童会の子どもたちとの連携を充実させながら学校の生徒指導をより良くしていくのです。

POINT!

・ステークホルダーを知ろう。

・子どもたちも，より良い学校づくりを担う人材と考えよう。

・児童会と同じ立ち位置に立って学校づくりを進めよう。

道徳教育推進教師と両輪で進める

道徳教育推進教師との連携

　生徒指導主任として様々な主任と連携をとりますが，そのうちの一つとして「道徳教育推進教師」との連携があげられます。この二つのポストの連携が子どもたちの道徳性を発達させていくのです。

子どもの道徳性発達のために

　学校の道徳教育を推し進めるためには

> 生徒指導と道徳授業

の連携が欠かせません。

　週に一度の道徳授業も日々の生徒指導も，目指しているのは「子どもたちの道徳性の向上」であることは間違いありません。同じ目的を目指しているのです。

　この二つの教育活動が連携し合うからこそ，学校の道徳教育を推し進めることができるのです。

　では，具体的には，どのように進めていけばよいのでしょうか。

　まずは，それぞれの役割分担を確認しましょう。

　よく，次のようにいわれます。

> **道徳授業は漢方薬**
> →すぐに効果はないけれど，じわじわと効いてくるもの。

> **生徒指導は特効薬**
> →すぐに目に見えて効果が感じられることが多い。

　上記のように分けることで，「確かな生徒指導を実施しながら，子どもたちが本質から変化する」ことを待っているといってもいいでしょう（しかし，「生徒指導提要」で「自己指導能力」が提言されたことにより，従来の「即効性を求める生徒指導」は子どもたちを本当の意味で育てているのか，立ち止まって考える必要があります）。

　例えば，
　「靴をそろえましょう」
という指導も，生徒指導では直接的に「そろえましょう」と行為について指導をし，道徳授業では「そろえると気持ちがいいね」「どうしてそろえられなくなるときがあるんだろう」と考えていきます。
　そうして「靴をそろえる」という一つの行為を通して，子どもたちの道徳性を育んでいくイメージを持って子どもたちを指導していきましょう。
　そのためには，生徒指導主任と道徳教育推進教師の連携が欠かせないのです。

POINT!

・生徒指導も道徳授業も，道徳性の発達を目指していることを押さえよう。
・生徒指導と道徳授業の効果の違いを知っておこう。
・道徳教育推進教師との連携を意識しよう。

教務主任と年間指導計画を話し合う

どれだけ良い計画をしても

　生徒指導主任が中心となり，どれだけ良い計画が生まれても，教務主任との連携なくして実現はしません。それはいったい，どういうことでしょうか。ここで考えてみましょう。

教務主任との円滑な連携を

　生徒指導主任だけでなく，どの主任でも絶対により良い連携をとらなければいけない役職の先生がいます。

　それが，

> 教務主任

です。教務主任は

> 学校全体の調整役

を担っており，多くの学校の場合，年間計画や月中行事の作成を担当しています。

　では，どうして教務主任との連携をとらなければいけないのか。

　例えば，「あいさつ運動」を年間に三回行いたいとします。

　児童会（生徒会）主任や児童会（生徒会）の子どもたちの合意をとり，ど

のようなことを大切にしながら，具体的にどのように実施するのかを話し合いました。

　そして，道徳教育推進教師とも連携し，あいさつ運動に適した教材を各学年で実施してもらうことを提案することも決まりました。

　それぞれの学年も，おおむね前向きな返事をしてくれているとしましょう。

　では，そのような活動をいつ実施するのか。
　本当に実施可能か。

　そんなことを教務主任と連携する必要があります。
　もしかすると……
　「読書週間に，給食週間，健康週間まで入っているなぁ。これ以上○○週間を増やすのもなぁ」
　「数年前にあいさつ週間を年間に三回にしようという案が出たんだけど，負担だから止めよう，となったんだよな……」
　そんな返答が返ってくるかもしれません。
　しかし「なぜやりたいのか」「どんな効果があるのか」といったことをしっかり説明することで，「じゃあ，予定を調整してみようか……」と言って，年間の予定の見直しをする流れになるかもしれません。
　こうして「具体的な日程」が決まらなければ実現しないのです。
　スムーズな実施の流れには，教務主任との連携が欠かせません。ぜひ，頭に入れておいてください。

POINT!

・教務主任は学校全体の調整役であることを知っておこう。
・具体的な日程が決まらなければ取り組みは始まらないことを肝に銘じよう。

研究主任と
それぞれの役割を
話し合う

研究主任とどう連携する?

本項では「研究主任」と生徒指導主任とのかかわりを考えてみましょう。「授業のことを考える研究主任と，授業外での指導が多い生徒指導主任がどのように連携するの?」という疑問をお持ちの方も多いことと思います。

研究主任と生徒指導主任は矛と盾

生徒指導主任とは対にあるようなイメージの研究主任。

生徒指導主任は研究主任とどのようにして連携していけばよいのでしょうか。

まずは，学校の中でのそれぞれの役割を考えましょう。

私は，

> 矛…研究主任
>
> →様々なことを想像しながら取り組むことで，学校の文化を生み出す。

> 盾…生徒指導主任
>
> →しっかりと学校を守り，縁の下の力持ちになる。

そのように捉えています。

通常の学校では，生徒指導の公開指導などはないでしょう。通常は研究授業が研究部の主催として公開されることがほとんどであり，その際に注目を

浴びながら，また，意見をもらいながら，自分たちの研究をより良くしていきます。

研究授業では，多くの場合「自習」が行われます。

ここで，普段から生徒指導ができているのかどうかの大きな分かれ道が生まれます。

> 普段から生徒指導が充実しているからこそ，安全・安心な空間で学びに向かうことができる

学校がこの状態でなければ研究どころではありません。自習中に落ち着けない，ケンカをしてしまう，物がこわれる……。こんな状態では，自習をさせることなど到底できないでしょう。どんな状況でも「安全・安心」だからこそ，先生が教室を空けることができるのであり，そうでなければ「授業中に授業参観」などできるはずがありません。

一方，生徒指導は，直接的な生徒指導ばかりをすることによって効果を上げることができるのではなく，日常的なより良い授業が，子どもたちの生徒指導の土台となっていくことも確かなことです。

このことは，生徒指導主任だけでなく，研究主任もわかっておく必要があることでしょう。「研究主任＝矛」「生徒指導主任＝盾」という役割分担を意識して，相乗効果でより良い学校を目指しましょう。

POINT!

・研究主任は「矛」，生徒指導主任は「盾」と捉えよう。
・学校の生徒指導は，生徒指導と授業研究の相乗効果と捉えよう。
・生徒指導主任と研究主任の役割を意識し合おう。

養護教諭と子どもについて話し合う

保健室から得られる情報を考える

　生徒指導主任として「保健室の子どもたちの様子」は確実に把握しておかなければならない情報です。それは，どうしてでしょうか。本項では，そんなことを考えてみましょう。

保健室から子どもたちの心の声を聞く

　生徒指導主任として連携するのに欠かせない立場の先生がいます。

> 養護教諭との連携を密にする

　これだけは，生徒指導主任をする以上は，欠かせない連携です。

　では，どうして，養護教諭との連携が欠かせないのでしょうか。

　すでに知っていることと思いますが，養護教諭は以下のような子どもたちの情報を持っています。

- ・子どもたちのけがの状況
- ・子どもたちの心理的な状況
- ・学級や学年の全体の様子

　これらの情報は，生徒指導主任としては，必ず押さえておかなければならないことです。

112

学校の生徒指導が不安定になったり時期的な状況で子どもたちの状況が不安定になったりしたとき，必ず起こることがあります。

　それは，

保健室の来室者が増加する

ということです。生活に落ち着きがなくなればけが人が増えますし，心の状態が不安定になれば，ちょっとしたけがや体調不良で来室する人数が増加します。

　「保健室の来室者」は，学校の安定のバロメーターとして捉えることができるのです（とはいっても子どもたちが保健室を利用してはいけないということでは決してありません）。

　また，保健室だからこそ得ることのできる情報があります。

　それは，

子どもたちの弱音

です。「本音」といってもいいかもしれません。教室の中では出せない心の声をもらす子どもがいることも保健室の特徴です。

　生徒指導主任は，だれが保健室を利用しているか，よく利用する子どもはどのような様子なのかを把握しておくようにしましょう。

POINT!

- ・生徒指導主任として養護教諭との連携を大切にしよう。
- ・保健室の来室者の人数で学校の状況を把握しよう。
- ・保健室の子どもたちの声を把握しておこう。

学年主任と日々の生徒指導を交流する

「何でも話せる」生徒指導主任を目指して

　生徒指導主任として大切にしたいことの一つに，「何でも話せる」という雰囲気を持つことがあります。では，そのような雰囲気を持つためには，どうすればよいのか，ここで考えてみましょう。

信頼される生徒指導主任を目指して

　生徒指導主任としては，各学年主任と連携をして各学年の生徒指導をサポートする必要があります。

　生徒指導主任としては

> 日ごろから各学年主任と交流する

ことが大切なポイントになってきます。

　学年全体の生徒指導の状況はもちろん，学年主任が握っています。平時であっても，何かあればいつでも生徒指導主任に情報が入るような状況にしておかなければいけません。

　そのためには，

> いつも学年主任が生徒指導主任と話せる関係にある

ことがポイントです。

ここで，学年主任がどのような心理状態なのかを知っておきましょう。

当然ですが，学年主任は

> **自分の学年を一番に考える**

という立場です。

　ということは……次のような生徒指導主任には，絶対に本当のことを言ってくれません。

> ・子どもたちが落ち着いていないと「○年生は荒れている」などとジャッジをする
> ・子どもたちがうまくいっていないことについて「○年生の指導はどうなのでしょうか？」などと，学年を指導する
> ・「○○先生がこう言っていました。ちょっと○年生，良くないんではないですかね……」などと陰口を回す

　読者の方は，こんなことを言わないかと思いますが，自分自身の心のゆがみや乱れがあることで，ついやってしまいがちな反応パターンではないでしょうか。

　そうではなく，「この生徒指導主任であれば何でも言っていい」と思ってもらえるような信頼関係づくりを目指しましょう。

POINT!

・学年主任から平時の情報を仕入れるようにしよう。
・報告を聞いたときのマイナスな反応は慎もう。
・「この人なら何でも言える」という信頼関係をつくろう。

学級担任に
小さな声かけを行う

若い先生に信頼されるために

「若い先生に教えたい」とは，多くの中堅教師が望むことです。生徒指導主任としても若い先生に指導する場面はあるでしょう。では，どのような先生が信頼を得ることができるのでしょうか。

学び続けるから信頼が得られる

実際の子どもたちの前に立っている学級担任の先生。

この先生たちとも信頼関係をきちんと築いておきましょう。

ここで，学年主任や〇〇主任をしていない先生とは，どういった先生が多いのかを確認しておきましょう。

それは，もちろん

経験年数の浅い先生

です。

経験年数の浅い先生の多くが生徒指導に悩んでいることでしょう。

・なかなか落ち着くことのできない子どもにどう対応していいかわからない

・担任の先生と異性である子どもとどう付き合っていいかわからない

・指示やルールをうまく聞くことのできない子どもたちに振り回されて

> しまっている
> ・ケンカなどのトラブルをうまく解決できない
> ・保護者の方と信頼関係をうまくつくれない

　まだまだあるかと思います。
　経験年数の浅い先生は，このような目の前の課題と向き合いながら，日々子どもたちと接しているということを忘れないようにしておきます。
　では，生徒指導主任は，こういった先生たちにとって，どのような存在でいればよいのか。
　それは，

何かあれば気楽に相談できる存在

です。言うだけでは簡単そうに思えますが，実際に，経験年数の浅い先生にとって「気楽に相談できる信頼ある先生」となるには，なかなかハードルが高いものです。

何でも話しやすいけれど確かな助言をしてくれる先生

　こんな先生に経験年数の浅い先生は信頼を寄せるものです。そのためには，どれだけ経験を積んでいても学びの日々を送ることが大切です。「学び続ける」ことを大切にし，信頼を得るようにしましょう。

POINT!

・経験年数の浅い先生とも信頼をつなげよう。
・「気楽に相談できる」は簡単ではないことを押さえよう。
・日々，学び続ける先生こそ信頼されるのだと心得よう。

他校の生徒指導主任と情報交換を行う

他校との交流を大切に

生徒指導も「自分の学校だけ」の情報に閉じてしまうと，より良いものにはなっていきません。そこで，他校の生徒指導の情報を大切にしてみましょう。何らかのヒントを得ることができます。

情報の捉え方をアップデートする

生徒指導主任をしていると

> 他校の生徒指導主任との交流の機会

を得ることがあります。

その交流会では，

> ・他校の学校状況（成果・課題）
> ・他校の生徒指導の取り組み
> ・他校の地域の様子

などを聞くことができます。

何でも同じですが，自分たちのことだけしか知らなければ，比較もできず選択肢が狭まったりと，視野が狭くなってしまいます。

この生徒指導交流会の場が，自分の学校のアップデートのための機会にな

るようにしましょう。

　とはいえ，ただ何も考えずに他校の生徒指導の情報を受け取ったところで何もヒントは得られません。

　情報を受け取るときに，視点を持つことが大切なのです。

・他校の生徒指導はどうして成果を上げることができたのか
　→全体での協力があったのか，力量ある先生が変えたのか，何か研修
　　会などで新たな情報を活かしたのか　など
・他校の生徒指導がうまくいっていないのはなぜか
　→子どもたちの実態と学校の取り組みがズレているのか，個別指導が
　　機能していないのか　など
・他校の地域の実態はどうか
　→自分の学校の地域とはどう違うか，何か地域といっしょになって取
　　り組みなどをしているのか　など

　他にもいろいろとヒントを得るチャンスはあるでしょう。

　とにかく

その情報の裏側はどうなっているのか

といった視点で情報を得るようにしましょう。そうすることで，思わぬヒントを得ることができるようになるのです。

　せっかくの交流会。自分の学校にとってより良いものにしたいものです。

POINT!

・他校の生徒指導主任との交流を大切にしよう。
・「なぜそのような状態なのか」という視点で話を聞いてみよう。
・情報の裏側を想像して，情報をキャッチしよう。

トラブルを発見した際の基本的な流れをつかむ

型を役立てる

　あらゆる物事には「基本的な型」が存在します。それでは，生徒指導にもそのような型は存在するのでしょうか。また，型を知ることで，どのようにして学校の生徒指導に役立てることができるのでしょうか。

トラブル解決の基本的な型を持つ

　ここでは

> トラブル解決の基本的な流れ

について紹介します。

　基本的な流れとは，つまり「型」です。

　型があれば，

> ・職員室や生徒指導部会で全体に共有できる
> ・型をもとにして応用することができる（柔軟な対応をすることができる）

という二つの良さがあります。

　特に二点目は重要です。

　授業をはじめ，学校で行う教育活動は，基本的に「生き物」ですので，

> そのときだけの最適な対応がある

といえます。「毎回このようにしていれば間違いない」という答えはありません。その答えを出すためにも「型」を持っていることは重要なことなのです。

　では，「トラブル解決の基本的な流れ」とはどのようなものなのか。私は以下のように考えています。

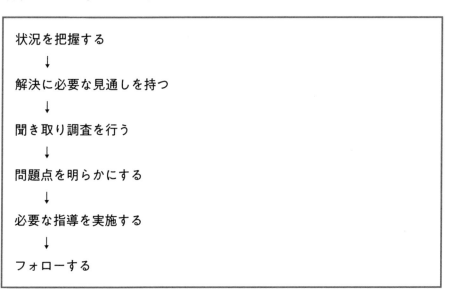

状況を把握する
　　↓
解決に必要な見通しを持つ
　　↓
聞き取り調査を行う
　　↓
問題点を明らかにする
　　↓
必要な指導を実施する
　　↓
フォローする

それぞれで大切なことはいったいどのようなことか。

次項以降で詳しく解説していきます。

POINT!

- まずは「型」を大切にしよう。
- 生徒指導には「その時々の最適な答えがある」という立場をとろう。
- トラブル解決の基本的な流れを押さえておこう。

まずは状況を把握する

トラブル対応の第一歩はいつも同じ

　学校で過ごしていると本当にいろいろなことが起こります。しかし，それらの対応の第一歩はいつも決まって同じです。これを知っているだけで落ち着いて対応することができます。

状況把握の基本を知っておく

　学校で過ごしていると，様々な生徒指導にかかわる情報が入ってきます。

・○○さんと××さんがケンカをした
・学校の○○がこわれた
・○○に置いていた××がなくなった
・○○さんが嫌がらせを受けていた
・ネット上でトラブルが発生した

　実際の学校では，もっといろいろな情報が飛び交っています。
　ただ，これだけたくさんの生徒指導案件があったとしても，実際にまず行うことは，次の一手です。

状況把握

　まずは，これをしっかり行います。

この「状況把握」をしっかりやらなければ，その後の対応にずいぶんと影響してしまいます。「初動が大切」なことは，生徒指導でも同じです。まず，はじめの動きを大切にしましょう。

では，実際には，どのように状況を把握していけばよいのでしょうか。

以下のようなことに注意して，できるだけ正しく情報を把握していきましょう。例えば，学校の窓ガラスが割れてしまったとします。

- 学校のどこの窓ガラスが割れてしまったのか　【場所把握】
- けが人はいないか　　　　　　　　　　　　　【安全・安心の確保】
- だれが割ったことにかかわっているのか　　　【人的把握】
- いつ割れたのか　　　　　　　　　　　　　　【時間的把握】
- どのようにして割れたのか　　　　　　　　　【因果把握】
- これが起こったきっかけは何か　　　　　　　【原因把握】
- その後どうなったのか　　　　　　　　　　　【事後把握】

おそらく，何かが起こった直後には，ここまでの把握はできないことでしょう。しかし，生徒指導案件がわかった瞬間に，穴埋めをするように，わかることはできるだけ把握するようにしていきます。

そして，わからなかった箇所は，p.126に紹介している「子どもたちへの聞き取り調査」で把握していきましょう。

POINT!

- まずは情報をできるだけ集めることから始めよう。
- 状況の把握のための要素を知っておこう。
- 足りない情報は子どもたちへの聞き取り調査で把握しよう。

解決に必要な
見通しを持つ

見通しについて考える

　より良い解決には「見通し」が必要です。では，見通しとはどのようにして持てばよいのか。さらには，自分だけでは見通しを持つことができないときにはどうすればよいのか。いっしょに考えていきましょう。

見通しを持つために

　いろいろなことが起こる生徒指導案件ですが，できるだけ先生方が主体的に解決していき，子どもたちの自己指導能力の育成なども含めた教育的解決を実施するため，欠かせないものがあります。

　それが，

> **解決に必要な見通し**

です。前項で紹介した「状況把握」が済んだら，解決のための見通しについて考えていきましょう。

　では，見通しを持つためにはどうすればよいのでしょうか。

　それは

> **解決のゴールへの道筋を頭の中でシミュレーションする**

ということです。

先の窓ガラスが割れた案件でいうと，

- まずは安全の確保から。そのためには子どもたちを近づけないように指示が必要だ。
- それから教頭先生に現状を報告しよう。
- 窓にはひとまずダンボールを貼っておくことになるな。用務員さんにも連絡しよう。
- どうして割れたのかな。ガラスを処理したのちに子どもたちに聞き取ろう。

このようなことを頭の中でシミュレーションするのです。

とはいえ，このシミュレーションは何がもとになってつくりだされるのでしょうか。

それは，

これまでの経験

が，やはり情報のもとになってきます。

では，自分の経験が足らずにシミュレーションが浮かんでこないときにはどうしたらよいでしょうか（実際には，その方が多いです）。

そんなときこそ「（教頭先生などとの）相談」が必要になってきます。人は対話の中で経験を出し合い，それをもとに新たなものを生み出すことができます。困ったときには，どんどん相談をするようにしてくださいね。

POINT!

- 見通しがあるかないかで，その後の解決に影響することを知ろう。
- シミュレーションのもとは「経験」であると捉えよう。
- 「相談」が壁を乗り越える方法になることを知ろう。

子どもたちへ
聞き取り調査を行う

子どもの持つ情報を活かす

　より良い問題解決のためには，子どもたちへの聞き取り調査が欠かせません。子どもたちは問題解決のための情報をたくさん持っています。より良い学校づくりのためにいっしょに解決していきましょう。

子どもたちと同じ目線での聞き取りを

　学校で起こることのすべてを先生たちが直接見ることができるわけではありません。学校は先生たちが主体的につくっていくことは間違いありませんが，

> **子どもたちもより良い学校をつくる一員である**

ことを忘れてはいけません。

　子どもたちからすると，自分が学ぶ空間ですから，「学校がどのような状態か」ということは，本来，とても大切なことなのです。

　日ごろから，子どもたちにこのような意識を持たせたいものです（この意識があるかないかで，普段の生徒指導がうまくいくかどうかは，ずいぶんと変わるでしょう）。

　さて，「状況を把握する」「解決の見通しを持つ」という二つのことをした後は，「子どもたちへ聞き取り調査を行う」という段階に入っていきます。

　まずは，「どんな子どもたちに聞くことができるのか」を考えましょう。

例えば「嫌がらせをされた」という場合であれば，

- 嫌がらせをされた子ども　　【やられた側】
- 嫌がらせをした子ども　　　【やった側】
- 嫌がらせを見ていた子ども　【傍観者】

という三者の立場が生まれます（いじめも同様です）。

　このとき，カギになってくるのが「傍観者」の子どもたちです。見ていた子どもたちは，その状況を一番冷静に見ることができています。p.79でもお伝えしましたが，

正確な事実がわかるまでは指導は極力行わない

のが鉄則なので，見ていた子どもたちの客観的な情報はとても大切になってきます。

　さらに，子どもたちへ聞き取り調査をするときに大切なことがあります。

　それは，先に述べた「子どもたちもより良い学校をつくる一員である」というスタンスです。

より良い学校づくりのために協力をしてほしい

という同じ目線に立った聞き取りの姿勢を忘れないようにしましょう。

POINT!

- 子どもたちからの情報が次の一手につながることを押さえよう。
- 聞き取りの前に「どんな立ち位置の子どもがいるか」を確認しよう。
- 子どもたちと同じ目線で問題解決に取り組もう。

問題点を明らかにする

問題の肝を見抜く

　授業づくりでも生徒指導でも，「その問題の肝は何か」を捉えることがとても大切です。生徒指導の肝とは，つまり問題点のこと。集めた情報をもとに問題点を把握しましょう。

メンバーと問題点を確認し合う

　「状況把握」「解決の見通し」「聞き取り調査」を実施し，様々な情報が集まってくると

> 問題点は何か

ということが見えてきます。

- ここでボール遊びをするべきではないのに使用してしまった
- 日ごろの言葉遣いの悪さがトラブルにつながった
- 前からもやもやしていた気持ちをひきずってしまった
- 友達に正しいことが言えずに，いっしょに悪い方向へと流れてしまった

　そういった問題点が見えてくるでしょう。
　ただし，「これが問題点だ」と思ったとしても急いではいけません。

いっしょに解決してきたメンバーと問題点を確認し合う

ことが大切です。

　自分一人になってしまうとどうしても一面的な見方となってしまいます。生徒指導は子どもたちの心情面・行動面を扱う可能性も大きくありますので，慎重な対応が必要です。

　では，どうすればメンバーと問題点を確認し合うことができるでしょうか。

　それは，

自分の考えを述べる＋他の人の意見を聞く

という話し方をすることです。

　「今回，ガラスが割れてしまったのは，ボール遊びをしてはいけないところでしてしまったことが問題点だと思います」と自分の考えを伝えたのちに，

○○先生はどう思いますか？

と尋ねてみましょう。すると

　「自分もそう思う」

　「規範意識の低さが気になるね」

など，自身の考えへのフィードバックやそれにプラスされた意見を付け足してもらえることでしょう。

POINT!

・情報が集まったら問題点を見出すようにしよう。

・独りよがりの見方には気を付けよう。

・他の先生の意見も聞いて，見方を広げよう。

必要な指導を実施する

生徒指導だからこそ冷静に

　生徒指導は，問題点がはっきりしていることもあり，先生が強く指導に出てしまいがちな場面ともいえます。しかし，生徒指導場面だからこそ冷静に子どもたちへの指導を行う必要があります。

必要な指導をする際に気を付ける三つのポイント

　ここまでに情報を集め，問題点を見抜いたら，いよいよ

必要な指導を実施する

という段階に入ってきます。

　ここで，気を付けておきたいのは，次の三点です。

・複数人で対応する
・事実と指導を分ける
・「必要な」指導を行う

　順に見ていきましょう。

●複数人で対応する

　これは生徒指導の鉄則です。生徒指導ではどうしても「複数人の目」が必要となります。例えば，子どもたちと話を進める役の人と話を聞きながら記録する役の人。記録は，後々に活かされることもあります。また，一人では，先生と子どものコミュニケーションミスが生まれてしまう可能性もあります。

●事実と指導を分ける

　指導の段階に入る前に，必ず子どもたちと事実確認をしましょう。もし，子どもたちと先生の間で事実の認識がズレたまま話が進んでしまうと，話が終わってから「○○していないのに先生に怒られてしまった」というような事態が起こることがあります。まずは，指導の前に十分に事実を子どもたちと確認し合いましょう。

　それから指導に入ります。指導のポイントは次で説明します。

●「必要な」指導を行う

　生徒指導もあくまで「指導」です。子どもたちが自分から「○○については悪かった」「××については次からは気を付けたい」という思いを持てるように指導する必要があります。

　そのためには，「何が問題だったと思う？」「次に気を付けるべきことは？」と，先生が指導したい内容については，問いかけから始めるように指導をしましょう。子どもたち自身が問題と向き合う機会となります。

POINT!

・複数人での対応を基本としよう。

・指導の前には必ず事実確認をていねいに行おう。

・子どもたちへの指導は問いかけを活用し，指導すべき内容を絞ろう。

フォローを
欠かさずに行う

フォローが安全・安心を生み出す

　生徒指導で，ついつい忘れがちなのが「フォロー」という教育活動です。このフォローという先生の行為があるからこそ，子どもたちは先生から生徒指導を受けても，学校が安全・安心の場となるのです。

三種類のフォローを使いこなす

　生徒指導には，欠かせないことがあります。

　それが

```
指導後のフォロー
```

です。

　また，フォローにも

```
・翌日
・一週間後
・一か月後
```

というスパンでのフォローが必要となります。

　順に見ていきましょう。

●翌日のフォロー

　生徒指導案件は，子どもたちの内情に迫ることが多くあります。それゆえに，生徒指導案件は，他の教育活動よりも，より慎重に取り組む必要があります。

　生徒指導を行った翌日には「昨日の話はどうだった？」「おうちの人と何か話をした？」などと子どもたちに聞いてやるようにしましょう。それも，責めるように聞いてしまうとフォローになりません。どちらかというと「励まし」「応援」というスタンスで声をかけるとよいでしょう。

　もし，生徒指導を午前中に行ったのであれば，下校時にも「今日のことは大丈夫？」と聞くことを忘れないようにしましょう。まずは，直近のフォローが大切です。

●一週間後のフォロー

　「時間が経ってからもやもやしたものが出てきた……」ということもありますし，「あれからどんなことに気を付けて過ごしているか」ということを聞くことで，子どもたちへの励ましにもつながります。生徒指導を終えた一週間後くらいに一声かけてみましょう。

●一か月後のフォロー

　これは，「意識の持続」という視点からの子どもたちへのフォローです。子どもというものは，忘れることで前に進んでいくもの。忘れることは大切なことですが，重要な生徒指導については，時間が経っても意識をしておいてほしいもの。子どもを励ます意味で声をかけてやりましょう。

POINT!

・翌日のフォローでは，「励まし」「応援」のフォローをしよう。

・一週間後のフォローでは，子どもの思いを把握しよう。

・一か月後のフォローでは，意識の持続を目的にフォローしよう。

いじめに対する基本方針を打ち出す

「いじめ」は絶対に許されない

「いじめ」は社会からもこれまでと同様に大きな関心が寄せられています。それは，いじめが時として生命にかかわるような重大な事案に発展してしまう可能性があるからであり，決して許されることではないからです。

「いじめ」の重大さを捉える

「いじめ」は今回の「生徒指導提要」でも重要な位置を占めています。

「いじめ」がもとになって「特別の教科 道徳」がスタートしたことも記憶に新しいでしょう。いじめ問題は，まだまだ学校がしっかりと向き合わなければならない重要な課題です。

「生徒指導提要」では，「いじめ防止対策推進法」の第1条（一部）と第2条を記載し，いじめに立ち向かう重要性を訴えています。

〈いじめ防止対策推進法　第1条（一部）〉
いじめが，いじめを受けた児童等の教育を受ける権利を著しく侵害し，その心身の健全な成長及び人格の形成に重大な影響を与えるのみならず，その生命又は身体に重大な危険を生じさせるおそれがあるものであることに鑑み，児童等の尊厳を保持するため，（中略）いじめの防止等のための対策を総合的かつ効果的に推進することを目的とする。

〈いじめ防止対策推進法　第2条〉
この法律において「いじめ」とは，児童等に対して，当該児童等が在籍する学校に在籍している等当該児童等と一定の人的関係にある他の児童等が行う心理的又は物理的な影響を与える行為（インターネットを通じて行われるものを含む。）であって，当該行為の対象となった児童等が心身の苦痛を感じているものをいう。

「生徒指導提要」では，これらを受け，法の基本的な方向性を，

・社会総がかりでいじめ防止に取り組むこと
・重大事態への対処（いじめの重大事態調査を含む。）において公平性・中立性を確保すること

にあるとし，各学校で義務付けられた点として

①いじめ防止のための基本方針の策定と見直し
②いじめ防止のための実効性のある組織の構築
③未然防止・早期発見・事案対処における適切な対応を行うこと

を記載しています。
　どれも重要な資料です。しっかりと職員室でも押さえるようにし，先生方との共通認識を図ってください。

POINT!

・「いじめ防止対策推進法」について知ろう。
・各学校の義務を押さえておこう。
・重要事項として職員会議で共有しよう。

いじめアンケートを実施する

何も起こっていないときだからこそ

いじめに対する指導は，普段の生徒指導案件が起こっていないときに，どれだけていねいに行うことができるかがポイントです。その具体的な取り組みの一つがいじめアンケートです。

いじめアンケートを効果的にするために

いじめへの指導は「いじめが起きてから」のみ行うことではありません。

ここで，「生徒指導提要」に掲載されている「2軸3類4層構造」を見直しましょう（本書 p.32参照）。

2軸3類4層構造では，特定の児童生徒にリアクティブに対応する生徒指導だけではなく，「すべての児童生徒に実施する発達支持的生徒指導」をプロアクティブに実施することが述べられていました。

これはいじめを防止する教育を行ううえでも，とても大切なことです。

その取り組みの一つとして

いじめアンケート

があります。おそらくほとんどの自治体で実施されているのではないでしょうか。

アンケートを行う効果は次の二つです。

> ・すべての子どもたちへのアンケートを通じて，いじめについて情報交換ができる（日常的な会話では実現は難しい）
> ・すべての子どもたちがいじめについての意識を高めることができる

　ただし，アンケートを実施する際に気を付けなければいけないことがあります。その一つが，

作業的に実施すること

です。自治体によっては毎学期いじめアンケートに取り組んでいることもあるでしょう。細かく子どもたちの実情が知ることができるという良さはあるものの，どうしても作業的になってしまう可能性が高まります。
　毎回，実施前には職員室で実施の効果を先生方に語り，意識を高くして取り組んでもらえるようにしましょう。さらには，

アンケートの結果をネガティブに捉えない

ということも大切です。この視点は必ず職員室や部会で共有しておきましょう。「あのクラスはアンケート結果が良くないらしい。心配だ」などといった声があれば，学級担任の先生は，どうしても子どもたちの本音を聞くのが嫌になってしまいます。職員室も安全・安心の場にして取り組むことが大切なポイントです。必要な情報をキャッチできる雰囲気をつくりましょう。

POINT!

・アンケートの効果を知っておこう。
・毎回，意識を高くしてアンケートを実施しよう。
・職員室にも安全・安心をつくってアンケートを実施しよう。

カリキュラムの中に いじめ対策を組み込む

学校独自のいじめ対策はあるか

「学校はいじめに対してどのような取り組みをしていますか」「子どもたちにとってどのような思考の機会が与えられていますか」という問いに，どのように答えることができますか。意図的・戦略的に取り組みましょう。

意図的・戦略的にいじめ対策に取り組む

いじめについての指導を意図的・戦略的に実施するには，

> カリキュラムに落とし込む

ということが欠かせません。

どういうことかというと，

> 学校（学年）のカリキュラム表を見たときに，いつ，いじめについての指導をしているのかがわかる

という状態になっているかどうかです。

以前勤めていた自治体では「いじめについて考える日」が設定されていました。

この日が設定されていたときには，

- 校長講話でいじめの話題を取り上げる
- 学校だよりでいじめについて発信する
- 特別の教科 道徳でいじめ対策に設定されている教材を取り上げる
- それに関連させて各教科でも可能な範囲でいじめについて考える
- いじめアンケートに取り組む

などといったことを網羅的に行うようにしました。

　すると，子どもたちの中で「いじめをどうしたら防げるのだろう」「自分たちの中にいじめは本当にないだろうか」などといった意識が

継続的

に維持されるようになります。また，様々な場面でいじめについて扱うので，

多面的・多角的

に考えられることも利点の一つです。

　生徒指導のねらいの中に「自己指導能力」がありました。単発の取り組みでは，継続性がなく，子どもたちが十分に思考できないままに取り組みが終わってしまいますが，このようにカリキュラムを工夫すること（カリキュラム・マネジメント）で，子どもたち自身が考えることもできるきっかけをつくることができるのです。

POINT!

- いじめについての取り組みがカリキュラムに表れているか見てみよう。
- 時機に合わせて網羅的・戦略的に取り組もう。
- カリキュラム・マネジメントの良さを知っておこう。

不登校とは何かを押さえる

不登校は現代的な課題

　現代的な課題ともいえる「不登校」の課題。不登校に学校はどのようにして対応していけばよいのでしょうか。すぐに解決の糸口が見えない不登校の問題だからこそ，見通しを持って進めましょう。

不登校について知る

　近年，急激な増加に伴い，対応に迫られているのが

> 不登校

の問題です。

　本書執筆時点（2023年2月）では，子どもたちの不登校の人数について，過去最高の24万4940人，前年度からは約25％増加（文部科学省「令和3年度児童生徒の問題行動・不登校等生徒指導上の諸課題に関する調査結果の概要」）という報道がされています。

　これは，新型コロナウイルスの対策として「外出自粛要請」やオンラインの整備が進んだことも要因の一つとして考えられます。今，不登校の子どもたちの数は急激に増加しており，その対策について，どの学校も求められている状況です。

　ここでは，まず「不登校とは何か」ということから押さえていくことにしましょう。

「生徒指導提要」にも記載されている不登校の定義とは，

何らかの心理的，情緒的，身体的あるいは社会的要因・背景により，登校しない，あるいはしたくともできない状況にあるため年間30日以上欠席した者のうち，病気や経済的な理由による者を除いたもの（p.221）

とされています。ポイントは「30日以上」という数字。もちろん，「欠席が年間29日だから問題はない」ということではありませんが，一つの基準として見ることができるのは間違いありません。

では，不登校に対する支援としてどのようなことがいわれているのでしょうか。「生徒指導提要」（p.229）に以下の図が示されています。

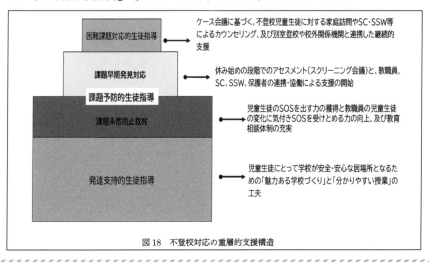

図18　不登校対応の重層的支援構造

POINT!

・不登校は現代的な課題であるという視点でも捉えよう。

・不登校の定義を押さえよう。

・不登校への具体的な教育支援を図で知ろう。

不登校児童生徒を把握する

不登校に特効薬はない

不登校に対する取り組みにおいて特効薬は存在しません。不登校の子どもたちへの取り組みは，いかに持続的に取り組めるかどうかにかかっています。そのためには，どうすればよいのかを考えましょう。

継続的に取り組めるシステムを

不登校については，理解をするだけでは何の教育的効果もありません。それを理解した後には，実態を把握し，適切な取り組みを進めていくことが肝心です。

では，まずは何をすればよいのか。

それは，

> 不登校児童生徒を把握する

ことです。

この「把握」がなければ何も始まりません。

まずは「学校にどれくらいの不登校に該当する子どもがいるのか」「学校で不登校に該当する子どもはだれなのか」を把握するようにしましょう。

不登校の定義は「年間30日以上の欠席があるかどうか」が基準となることを前項で紹介しました。

学級担任の先生にお願いをし，

> ・前年度，年間30日以上欠席していた児童生徒
> ・本年度，年間30日以上（病気などの理由以外で，不登校につながる可能性のある欠席を月に 3 日程度計上される状態）の欠席の可能性のある児童生徒

を把握してもらうようにしましょう。

　把握が終わったら次に大切なことがあります。それは

継続的な取り組み

です。不登校児童生徒をただ把握するだけでは，根本的な取り組みにはなりません。そこで，把握の次には「継続的な取り組み」が必要なのです。

　では，継続的な取り組みとは具体的にいうと何なのか。

生徒指導部会や職員会議でその子のことを話題にする

ということです。通常，職員会議も生徒指導部会も月に一度は開催されるでしょう。そこで， 1 分でよいので，その子の今の状態，おうちの方とのやり取りなどの情報交換を行います（対策の議論は次項で紹介する「ケース会議」で行い，ここではあくまで報告のみでよいです）。

　こうして「継続的に情報交換するシステム」を導入します。すると，職場全体で不登校に対する意識を保ち続けることができるのです。

POINT!

・まずは「把握」から始まることを押さえよう。
・不登校の定義をもとに実態把握を学校全体で行おう。
・継続的に不登校に対する意識が職場全体で共有されるようにしよう。

ケース会議を開催する

ケース会議のよしあしは学校を左右する

学校で「ケース会議」は開催されていますか。また，開催されていたとすれば，機能的に取り組まれていますか。ケース会議は，学校が重大事案を乗り越えられるかどうかの大きな分かれ道となります。

ケース会議を機能させる

不登校をはじめ，重大な生徒指導事案（「2軸3類4層構造」の「困難課題対応的生徒指導」に当たる）に正しく対応するためには

> ケース会議の機能性

にかかっています。

不登校だけでなく，いじめをはじめとするその他の困難課題対応的生徒指導では，ケース会議を実施しましょう。

では，ケース会議とは何かというと

> 課題を抱える子どもの課題解決のために，関係者が集まって情報を共有し，より良い支援策を探るもの

です。

文部科学省のHPにも「もし，ケース会議の進行役をすることになった

ら？」というページが存在しています。ぜひ，参考にアクセスしてみてください（https://www.mext.go.jp/tsukyu-guide/facilitation/index.html）。

では，ケース会議のポイントとは何なのでしょうか。

私は以下の二点に集約されていると考えています。

・その子に関する情報共有
・役割分担

ケース会議では，「その子の現状は？」という視点から「家族構成・生育歴・友人関係・学業状況・健康状態・登校状況」などが共有されます。

そして，自然に「その子への支援のアプローチをどうするか」という話題へと移行していきますが，ここで重要なことがあります。

支援のアプローチの方法だけを示すのではなく，「だれが」そのアプローチを行うのかまで決める

ということです。これは次項の「対応を担任まかせにしない」ということにも深くかかわってくることです。

この役割分担の話し合いが為されなければ，

・担任の負担が増えるだけ
・ただ支援のアプローチを出しただけ

になってしまい，有益なケース会議にはならないのです。

POINT!

・ケース会議とは何かを押さえよう。
・ケース会議は「役割分担まで」をゴールとしよう。

対応を
担任まかせにしない

職員室の先生を助けるために

生徒指導主任として「職員室の先生を助ける」ためには，具体的な行動やシステムを持っていなければいけません。抽象的な言葉では，時に先生方の力にはなれないことを知っておきましょう。

ゴールイメージを持ってケース会議を開催する

ケース会議を含め，重大な生徒指導案件で絶対にやってはいけないことがあります。それは

担任まかせにする

ということです。

「何かあったらいつでも言ってね!!」という言葉かけは何の効果ももたらしません。前項であげたように「役割分担」を明確にしないかぎり，「その子の担任だから」という枠組みから出ることは決してできないのです。

前項で紹介した文部科学省のサイトには，外部機関の方も含め，次のような人たちが紹介されています。ケース会議に関係する可能性のある人たちです。

［関係者］
通級担当／在籍学級担任／特別支援教育コーディネーター／養護教諭／
学年主任／管理職／保護者／本人／スクールカウンセラー／スクールソ
ーシャルワーカー／その他のキーパーソン
［関係機関］
福祉施設（児童発達支援センター，放課後等デイサービス事業所など）
／医療機関／相談支援機関／必要に応じてその他の関係機関　など

　生徒指導主任としては管理職（主に教頭）と相談し，今回のケース会議で
は，だれに出席してもらうのかを選定します。そして，集まった人たちの顔
ぶれを見て

だれがどのようなかかわりをすることで，思い描くゴールに近づくのか

をイメージする必要があるのです。
　そのイメージがあるからこそ，話し合いの最後に，それぞれの出席者に役
割をふることができます。会議終了時に「○○さんは××をお願いします」
と一人でも多くの人にお願いできるかがポイントとなります。
　そこまでやってはじめて「担任まかせ」ではなく「チーム学校」として取
り組むことにつながることを知っておきましょう。

POINT!

・「何でも言って」はアドバイスにもならないことに気を付けよう。
・ケース会議にはたくさんの人がかかわる可能性があることを知ろう。
・「チーム学校」といえるように具体的に考えよう。

長期的な視野で考える ことを押さえておく

力の入れすぎに注意する

不登校やいじめなど，重大な生徒指導事案の解決には焦る気持ちをどうしても持ってしまうもの。しかし，焦ると力が入りすぎ，うまく解決することにつなげられないことがあります。では，どうすればよいのでしょう。

生徒指導主任こそ長期化の視点を

いじめも不登校も

早期発見

が鉄則です。そのためにいじめアンケートを実施したり，不登校の前兆を見抜こうと情報交換をしたりします。

いじめについては，早期発見による指導で事態を小さくすることができる可能性が大きいといえますが，不登校は時として

早期発見できていたとしても，すぐに改善することがない

という事案も少なくありません。

やはり，その子の心の問題であり，心の回復には時間がかかることが当然のようにあることだからです。

早い段階で発見し，解決することができれば問題ありませんが，その機を

逃したときには

長期化することも視野に入れておく

というどっしりとした心構えが必要になります。

　もし「早期発見したからできるだけ早く解決したい……」と気持ちが焦ってしまうと，それは相手に伝わってしまうもの。

　こちらの焦る気持ちは，相手を硬直させていったり閉じ込めていったりすることにつながっていきます。

　もし，職員室で焦る先生がいれば，生徒指導主任がどっしりとした姿勢で対応するようにしましょう。やれることをコツコツと。あとは，その子自身が自分の力で立ち上がることを支援していくというスタンスをとりましょう。

　長期化の視点を持つということは，

・その学年内で解決しないかもしれない

　→でも，次の学年で解決する可能性がある。

・小学校の間に解決しないかもしれない

　→でも，中学校で解決する可能性がある。

・義務教育の間に解決しないかもしれない

　→でも，義務教育を終えて解決する可能性がある。

　そんな視点を持ちましょう。つまり，「その子の可能性を待つ」ということなのです。

POINT!

・不登校は早期発見しても焦らないようにしよう。

・生徒指導主任こそどっしりと構えて指導に当たろう。

・長期化の視点とは，どういった視点なのか押さえよう。

子どもたちの実態と
次年度の課題を把握する

学校に振り返りはあるか

　みなさんが勤めている学校では「振り返り」がきちんと根付いていますか。ワークショップなどに取り組んでいれば，なお良いといえますが，振り返るという意識をまずは持つことが大切です。

振り返りの時期と在り方を考える

　どのようなことでも「振り返り」をていねいに行うことは，とても大切なことです。振り返りがなければ，積み上げが生まれません。つまり，自転車操業的な仕事になってしまうのです。これでは，いつまでも疲弊感や多忙感が消えないままになってしまいます。

　生徒指導部会でも，一年の振り返りをきちんと行いましょう。

　部会としての振り返りは

> 1月

から話題に上げていくことをおすすめします。それであれば，1月，2月，3月と三か月間，振り返りについて話題に上げることができます。

　生徒指導主任としては，

> 12月ごろから今年度の振り返りと次年度の展望を考え始める

ことがおすすめです。教頭先生と今年の生徒指導についての振り返りを雑談で行ったり，一人で考えたりする時期にするとよいでしょう。

　では，振り返りを行い，次年度の課題を把握するには，どのようにすればよいのでしょうか。

　おすすめの思考法として

バックキャスティング思考

があります。この思考は，課題を考えてから次の目標を設定するのではなく，先にゴールイメージを描いてから，次の目標を設定するのです。

　つまり「育てたい子ども像」を明確に持っていることを前提とします。

　では，どのような「育てたい子ども像」を設定するとよいでしょうか。

　まずは

自己指導能力が高い子ども

を設定するとよいでしょう。

レベル１　先生に言われて自己指導ができる

レベル２　先生といっしょに自己指導ができる

レベル３　自分や友達といっしょに自己指導ができる

　こんなゴールを持っていることで，「今の子どもたちはどうか」を見つめ直すことができるのです。ぜひ，やってみてください。

POINT!

・振り返りの時期を意識してみよう。

・自己指導の段階をつくってみよう。

私たちの生徒指導について振り返る

先生自身が振り返る

　学校での振り返りには，「子どもたちに向けた振り返り」と同様に「先生たち自身の振り返り」が存在します。子どもたちの振り返りも大切ですが，私たち自身を振り返ることで学校の教育効果を高めることができます。

私たち自身を見つめ直す

　子どもたちの姿を見ながら振り返ることも大切なことですが，

> 私たち（教職員）の生徒指導の振り返り

を実施することも，とても重要なことです。学校現場では，「授業の振り返り」は盛んに行われますが，生徒指導をはじめとする，授業外の指導について振り返りを行う習慣があまり根付いていないともいえます。

　授業の検討のように振り返る必要はありませんが，生徒指導部会で「私たちの指導はどうだったか」を振り返ってみるようにしましょう。

　振り返るには，やはり視点が必要です。

　まず，私たちが，以下のような視点において意識高く過ごしていたのかを振り返ってみましょう。

> ・時間を守る
> ・学校を小ぎれいにする

> ・（必要な）礼儀を持つ

　この三点は，教育者として有名な森信三先生の「時を守り，場を清め，礼を正す」という有名な言葉の三点からの振り返りです。森先生の言葉は荒れた中学校の立て直しの指針に使われたり企業の経営にも使われたりしています。

　また，以下のような視点でも振り返りを行ってみましょう。

> ・自己指導能力を育むような指導ができたか（適切な言葉かけや問いかけ）
> ・いじめ，不登校など，早期発見に努めようとしたか
> ・子どもたちに対する礼儀はあったか（子どもたちへの言葉や態度が必要なく荒々しくなっていないか）
> ・「おはようございます」「さようなら」といった基本的なあいさつを私たちからもすることができていたか
> ・何か困ったことがあったら周囲の先生に助けを求めることができていたか

　もちろん，勤めている学校にぴったりと合った振り返りの視点があるはずです。自分たちの学校で大切にしていること，指導で意識をしていることなどがあれば，ぜひ盛り込むようにしてください。

POINT!

・子どもたちへの振り返りとあわせて私たちの振り返りをしよう。
・「時を守り，場を清め，礼を正す」という言葉を覚えておこう。
・自分たちの学校に合った視点での振り返りを入れ込もう。

校則を見直す

多方面から「校則」を見直す

「ルールとはそもそも何か」ということについて p.48で記載しました。校則は，先生たちはもちろん，子どもたち，または保護者の方を巻き込んでつくっていくイメージを持ちながら見直すようにしていきましょう。

「校則」はいつもアップデートされる

一時期世間を騒がせた「ブラック校則」というワード。昔ながらの学校のきまりが現代にも採用されていて（昔の子どもたちがそのきまりを有意義に感じていたかはわかりませんが……）大きく問題視されました。

今回の「生徒指導提要」の中でも「校則」について取り上げられています。

ここでは，「校則とは」「校則の運用」「校則の見直し」を取り上げてみます。

○校則とは
- 児童生徒が遵守すべき学習上，生活上の規律
- 児童生徒が健全な学校生活を送り，よりよく成長・発達していくために設けられるもの

○校則の運用
- 教職員が校則を設けた背景や理由について理解
- 児童生徒が自分事としてその意味を理解して自主的に校則を守るように指導

○校則の見直し

・校則は，学校や地域の状況，社会の変化を踏まえて，絶えず見直しを行う

→学校の教育目的に照らして適切な内容か

→現状に合う内容に変更する必要がないか

→本当に必要なものか　等

※校則の見直しの過程に児童生徒自身が参画することは，校則の意義を理解し，自ら校則を守ろうとする意識の醸成につながる

　書かれていることはこれですべてではありませんが，「校則とは」「校則の運用」「校則の見直し」の三点を知ってから，校則について振り返りをするだけでも議論は変わるのではないかと思います。

　今，社会の変化は本当に目まぐるしいものがあります。常に

このルールで子どもたちが学校生活を過ごすことが，未来の子どもたちにとって必要な力につながっているか

を意識して校則を見直すようにしましょう。

　もちろん，必要な校則は必要であり，決めたことをきちんと守っていこうとする態度を育てることも重要な指導です。

POINT!

・「生徒指導提要」に記載されている「校則」について押さえよう。

・常に「この校則でよいのか」を見直す意識を持とう。

・校則の重要性と必要性を理解しよう。

避難訓練などを振り返る

振り返りを充実させるために

　「避難訓練」などは，どの学校でも毎年開催していることでしょう。その取り組みの振り返りはうまく機能しているでしょうか。振り返りをうまく機能させるには，ていねいなシステムが必要です。

行事ごとの振り返りをていねいに

　生徒指導として，学校全体で，もしくは学年で取り組むものがあります。例えば，

> ・避難訓練
> ・不審者対応訓練
> ・交通安全指導
> ・救急救命講習
> ・非行防止教室

といったところでしょうか。
　これらの取り組みにも

> 振り返り

が必要です。

「外部機関が行っていることだから……」「毎年，そのようにお願いをしているから……」といった姿勢でいてしまうと，取り組み自体がマンネリ化してしまい，教育効果を望んでいる通りに上げることはできません。

　そうではなく，取り組みを終えるごとに振り返りをていねいに行っていくことが大切なことであるといえるでしょう。今では，Google フォームなどで作成すれば，簡単にアンケートを実施することができます。振り返りとしての記録をとるようにしましょう。

　そして，

> 取り組みを終えた次の生徒指導部会で簡単に共有し，次年度の展望を持っておく

ことが大切です。

　共有の仕方としては，

> ・生徒指導主任がアンケートから見えたことを簡単に紹介する
> ・取り組みを行った担当の先生や学年の先生から，簡単に話をしてもらう
> ・全体から「次年度どうしたらよいか」を聞いてみる

という方法が考えられます。

　取り組みごとの振り返りを蓄積することで，より良い生徒指導に少しずつ変えていくことができます。ぜひ，やってみてください。

POINT!

・取り組むべき行事について整理しよう。
・取り組みごとに振り返りの機会を設けよう。
・振り返りの小さな積み重ねがより良い生徒指導につながると意識しよう。

カリキュラムを見直す

生徒指導におけるカリキュラム・マネジメント

現行の学習指導要領では「カリキュラム・マネジメント」の重要性が謳われています。カリキュラム・マネジメントは教科間のつながりのみならず，生徒指導と授業のつながりも見ることができます。

カリキュラムという視点で振り返る

前項に記載した取り組みごとの振り返りと同時に振り返ってほしいことがあります。

それは，

> カリキュラムは適切だったかどうか

ということです。

カリキュラムを見直すとはどういうことでしょうか。

以下の二点から見直してみましょう。

> ・実施した時期を見直す
> ・実施した取り組みと他教科との関連を見直す

例えば，９月の初旬に避難訓練に取り組んでいる学校が多いのではないでしょうか。これは，関東大震災が1923（大正12）年９月１日に発生し，その

後，防災の日として設定されたことがきっかけとなっています。

　もちろん，関東大震災での教訓を風化させてはいけませんが，平成に入り，阪神淡路大震災や東日本大震災などの大規模地震も起こっています。

　避難訓練を実施する時期に，こうしたことを関連させながら実施するのも一つでしょう。

　また，こうした取り組みと関連させてカリキュラムを設定する際に考えてほしいことがあります。

　それは，

> **特別の教科 道徳との関連**

です。「生徒指導提要」にも「道徳科を要とした道徳教育における生徒指導」という項目が立てられるなど，生徒指導と道徳科での連携を図ることが書かれています。

　p.106にも記しましたが，生徒指導と道徳科が両輪となって教育を進めることで，いろいろな効果が期待されます。

　振り返りの段階でカリキュラムを見直す中で，「生徒指導の取り組みと道徳科との関連」という視点を持ってみましょう。

　もしかすると，「生徒指導の取り組みがここにあるのなら，道徳科では，この教材をここで指導したほうがいいのではないか」などといったことが発見できるかもしれません。

POINT!

・取り組み自体だけでなくカリキュラムの視点でも見直そう。
・時代に合わせたカリキュラムという視点も持ってみよう。
・生徒指導の取り組みと道徳科を関連させてみよう。

規律をつくれなかった初任時代

ルールの存在する意味を見直す

　「生徒指導提要」には「ルールを守らせること自体が目的にならないこと」という趣旨のことが記されています。もちろん，その通りですが，決して「ルールが存在することがいけないこと」ということではありません。

枠組みがあるからこそ自由に

　規律をうまく生み出さなかったらどうなるのか。

　そんなことをいっしょに想像してみましょう。

　みなさんは，「規律をうまく生み出せなかった経験」はありませんか。

　私はあります。教師になった一年目，右も左もわからないままに学校に赴任した私は，何も考えず，何も取り組みを行わずに４月を過ごしました。

　この本を読まれているみなさんであれば，すでにおわかりのことと思います。

> 瞬く間に学級は乱れていった

　いわゆる「学級崩壊」という状況です。小学生の子どもたちは，スタート期には一定の枠組み，つまりルールがなければ，どのように行動してよいのかがわかりません。どのように行動すればよいのかわからないのであれば，やはり自分の欲求や誘惑に向けて行動するものです。

　やはり，一定の枠組みは，学級・学校のスタート期には必要なのです。

　そんなこともあり，やはり私は「学級・学校のスタート期には一定の枠組み（ルール）が必要」という立場をとっています。

　枠があるからこそ，自由になれるのだと思っています。

Chapter 4

学校の「安全・安心」を
つくりだそう！
生徒指導主任としての心構え

生徒指導主任は
学校の安全基地である

学校というコミュニティ

　学校は，いつどこから生徒指導案件が上がってくるのかわからないコミュニティでもあります。そんなコミュニティだからこそ，生徒指導主任の存在が大きいのです。

学校の安全基地になる

　生徒指導主任とは，学校の中でどのような存在なのでしょうか。
　私は

　　学校の安全基地

と考えています。
　若い先生のみならず，生徒指導について悩む先生は多くいらっしゃいます。いつ，どのような形で生徒指導が発生するかはわかりません。
　そんなときに「いつでも話そうと思える」「いつでも聞いてくれる」「いっしょに考えてくれる」といった存在が学校には必要です。
　私はそのような役が生徒指導主任ではないかと思っています。そんな存在がたった一人いるだけで，学校はずいぶんと「安全・安心」な空間へと変わっていきます。
　もちろん，生徒指導主任である先生も，困ったことがあればすぐに教頭先生などに相談するようにしてくださいね。

生徒指導主任は 学校の防人である

対立構造が生まれたら……

学校での仕事は「人×人」の構図で成り立っています。人と人同士は，対話して協働する存在ですが，時に対立構造を生み出してしまうこともあります。そんなときも生徒指導主任としての出番です。

いろいろな方法で学校を守る

生徒指導は，子どもたちの自己指導能力の育成のためにあり，対話を中心としながら進めていく営みです。

しかし，残念ながら，時として子どもたちや保護者の方との対立構造が生まれてしまうことがあります。もちろん，そのときには学校側の至らなかった点が含まれることもあるかと思います。しかし，先生方が大きな労力で疲弊することは間違いありません。

そんな場で生徒指導主任として大切なことは，

> 学校を守る

というスタンスです。これは，学校を擁護するという意味ではありません。至らない点は反省し，改善するべきですが，守るという機能がなければ，先生方は追い込まれてしまう一方です。

学校側の意見もていねいに主張する，外部機関と連携する，先生同士でピアサポートをする……。いろいろな方法で先生たちを守っていきましょう。

昔ながらの厳しい指導と決別する

生徒指導提要のメッセージ

　改訂された300ページを超える「生徒指導提要」は，何をメッセージとして伝えようとしているのでしょうか。もう一度，生徒指導主任として，「生徒指導提要」のメッセージを受け取りましょう。

昔の生徒指導からの脱却

　今回の「生徒指導提要」からは大きな提案がされました。

- 自己指導能力の育成
- 常態的・先行的（プロアクティブ）生徒指導
- 発達支持的生徒指導
- 校則の見直し

などです。つまりは

> 支える生徒指導への変換

がなされたともいえます。

　「昔ながらの生徒指導」と聞くと，どのようなイメージを持つでしょうか。大きな声で指導する，少々威圧的になってしまう，一方的な指導をしてしまう……。こんな指導からの脱却が求められているのです。

厳しい指導とは何かを
わかっておく

「厳しい指導」の本質を知る

多くの先生が「厳しい指導」を勘違いしているように思いますが，生徒指導主任は「厳しい指導」の本当の意味をわかっておかなければいけません。ここで，「厳しい指導」について考え直しましょう。

「厳しい指導」の勘違い

みなさんは「厳しい指導」というと，どのようなイメージを持つでしょうか。

もしかすると，

> 子どもたちから恐れられる

ことと勘違いしてはいないでしょうか。昔から「あの先生は怖い」「あの先生は優しい」などと，先生たちが評されてきたから，そんなことを連想するのかもしれません。

しかし，本当に厳しい指導とは，

> （ダメなことはダメであると）認めない

ことが大切なのです。支える生徒指導であっても「ならぬはならぬ」は変わりません。それを冷静に伝え続けていくことです。

森信三先生の教育に学ぶ

生徒指導の視点を持つ

　ここまでにも，子どもたちを見る目としていくつかの生徒指導上のポイントをあげてきました。ここでも「次のような視点を持っておくとよい」というものをいくつかご紹介します。

森信三先生の主張

　p.153でも触れた「時を守り，場を清め，礼を正す」という言葉を提唱した森信三先生。教育者であり哲学者であった森先生は，他にも次のような言葉を残しています。

〈躾の三原則〉
- あいさつをする
- 返事をする
- はきものをそろえる（使ったものを片付ける）

〈立腰教育〉
まずは腰骨を立てて座ることから

　これらは，今でも多くの学校で大切にされている指針です。子どもたちの様子を見る，または指導するポイントとして押さえておきましょう。

「共感」「同感」「社会」を使い分ける

支援し，良い方向に導くために

「子どもたちを支援しつつより良い方向へ導いていく」ことは，簡単なことではないかもしれません。それに役立つ三つの考えを紹介します。この三つを頭に入れておいてください。

三つの考えを使い分ける

「支える生徒指導」を進めるためには，次の三つの考えを持ち，使い分けることが大切です。

> 「共感」…どれだけ子どもの思いや主張が間違っていても，それを肯定する。子どものすべてを受け止める。
> （「窓ガラスを割ったことを友達の責任にしたかったんだね」）

> 「同感」…一人の人間としての答え。先生と子どもという関係ではなく，一人の人間として対話を進める。
> （「窓ガラスを割ったのを隠そうという気持ち，すごくわかるよ」）

> 「社会」…「共感」「同感」を踏まえつつ，社会の中の一人として考える。
> （「窓ガラスの割れる場所で遊んだのはいけなかったね」）

生徒指導は
学校の緊急車両の
役割である

生徒指導の意識を整理する

　生徒指導の役割をすっきり考えると，どうなのでしょうか。「すぐに出る」「いつでも出る」「どこへでも出る」そんな意識を持つために，下のような考えを持ってみましょう。

生徒指導は三つの車である

　生徒指導を次のように考えると，すっきり整理できるかもしれません。

生徒指導は緊急車両

　これはつまり，次のようなことです。

〈パトカー〉
何かがあればすぐに駆け付ける
〈消防車〉
何か事故などがあればすぐに駆け付ける
〈救急車〉
だれかけがをしたりするとすぐに駆け付ける

　こんな風に思っておくと，「いつでも出る」「何かあったらすぐに出る」というような意識を持つことができます。

生徒指導とは
子どもたちの自律を
育てるためにある

本質がわかれば変化できる

　どんな物事も「肝」を見抜く，つまりは，本質を見抜くことが大切です。本質がわかれば，自分たちなりにどのようにでも変化させることができます。では，いったい生徒指導の本質とは何なのでしょうか。

生徒指導の肝を見抜く

　結局，生徒指導とはいったい何なのか？
　いわゆる「生徒指導の肝」とはいったい何なのでしょうか。
　私は，「生徒指導提要」の

> 自己指導能力の育成

が大きなキーワードであると捉えています。「子ども自身が自分の人生をより良くしていく力を養う」という視点は忘れてはいけないことです。
　そのために，子どもたちは，

> 自分で自分を自己指導できるようになる

ことが大切です。
　決して周囲の影響を受けるだけでなく，自分から良くしていこうという意識を持つこと，そのことがとにかく大切なことなのです。

学校の手綱はだれが引く？

学校は無能か

　「学校は時代遅れだ……」「学校は変わらない……」よくそんな言葉を耳にします。その言葉を聞くたびに「学校は無能だ」というように聞こえますが，本当にそうでしょうか。私はそうは思いません。

学校は教育のプロ集団

　「学校の校則は子ども・保護者などと連携して設定していく」という趣旨が書かれている「生徒指導提要」。これはとても大切な視点ですが，このようなことを聞くと，

> ・学校が設定したものを子どもや保護者がチェックするのか
> ・子どもや保護者がいらないと言えば従わなければならないのか
> ・学校が独自で考えることは許されないのか
> ・学校がルールのことを主張するのはいけないことなのか

と感じる方もいらっしゃるのではないでしょうか。

　しかし，学校は「教育のプロ集団」であることは間違いありませんし，

> 学校が手綱を引いて学校経営していく

ことには変わりありません。その立場に立って，子どもたちや保護者といっしょに校則を見直していきましょう。あくまでも手綱は学校にあるのです。そのことに誇りを持って生徒指導改革を進めていってくださいね。

おわりに

本書をここまでお読みいただきありがとうございました。

いかがだったでしょうか。何かこれからの生徒指導として，学校現場で活かすことができそうなことはあったでしょうか。

今回の「生徒指導提要」で記された「自己指導能力」とは，

> 自分で自分の人生をより良くしていく力

を育むことであり，

> 自分の人生に必要な生徒指導を自分自身で行う力

であると思っています。

これまでの生徒指導といえば，

- 先生が子どもたちに校則を守らせる
- 先生が提示した校則を子どもたちが守る
- 先生がはっきりとした指導で子どもたちを教え導く

といったイメージが強くありました。

もちろん，そのような指導はこれからも必要となり登場することがあるでしょう。

しかし，それだけではもうダメなのです。

そして，これからの生徒指導のスタンダードは次のような点です。

- 子どもたちが「校則を守ろう」という態度を持つには，どのような支援ができるのか
- 子どもたちをはじめ保護者や地域の人たちと，どのようにして校則をつくっていけばよいのか
- どのような問いかけや働きかけをすれば，子どもたちは，自分自身をより良くしようという力が身に付くのか

そんな視点を持って生徒指導をしていくことがスタンダードとなっていくのです。

そうすると，学校の雰囲気はうんと変わるでしょう。

子どもたちが，「より良い学校」をつくろうとする担い手となり，「自分たちの学校をより良くするにはどうすればよいのか」という意識が育ってくるのです。

そのように変化してくると，子どもたちは「他人ごととして登校する」のではなく「自分ごととして登校する」ように変わっていきます。

このような状態こそが，子どもたちをステークホルダーとして活かすということです。

子どもたちは無限の可能性を持っています。

その力を生徒指導の場面でも，発揮できるような環境をつくっていきましょう。

その方法は，本書でできるかぎり具体的に記させていただきました。

あとは，生徒指導主任として，実践するのみです。

　本書を通じて，一校でも多くの学校が「これからの生徒指導」に取り組み，成果を発揮されることを心から願っています。

令和5年2月

丸岡　慎弥

【著者紹介】

丸岡　慎弥（まるおか　しんや）

1983年，神奈川県生まれ。三重県育ち。

立命館小学校勤務。教育サークルやたがらす代表。関西道徳教育研究会代表。銅像教育研究家。

NLP やコーチングといった新たな学問を取り入れて，これまでにない教育実践を積み上げ，その効果を感じている。

教師の挑戦を応援し，挑戦する教師を応援し合うコミュニティ「まるしん先生の道徳教育研究所」，ブログ「まるしん先生の教育＆実践研究ふんとう記」（https://ameblo.jp/marushindozo/）を運営。自身の道徳授業実践や教育に関する記事も公開中。

著書に『高学年児童がなぜか言うことをきいてしまう教師の言葉かけ』『話せない子もどんどん発表する！対話力トレーニング』（以上，学陽書房），『2時間でわかる学級経営の基礎・基本』『2時間でわかる授業技術の基礎・基本』（以上，東洋館出版社），『取り外せる文例集つき！　現場発！小学校「特別の教科　道徳」の見取り・評価パーフェクトブック』（フォーラムA），『研究主任　365日の仕事大全』『教務主任　365日の仕事大全』『ココが運命の分かれ道 !?　崩壊しない学級づくり究極の選択』（以上，明治図書）など多数。

生徒指導主任　365日の仕事大全

2023年7月初版第1刷刊 ©著　者	丸	岡	慎 弥
発行者	藤	原	光 政
発行所	明治図書出版株式会社		

http://www.meijitosho.co.jp

（企画）林　知里（校正）西浦実夏

〒114-0023　東京都北区滝野川7-46-1
振替00160-5-151318　電話03(5907)6703
ご注文窓口　電話03(5907)6668

＊検印省略　　　組版所　中　央　美　版

本書の無断コピーは，著作権・出版権にふれます。ご注意ください。

Printed in Japan　　　　ISBN978-4-18-229721-2
もれなくクーポンがもらえる！読者アンケートはこちらから